交通运输及可持续发展研究

任昌庆　夏利　史国强　著

辽宁大学出版社　沈阳

图书在版编目（CIP）数据

交通运输及可持续发展研究/任昌庆，夏利，史国强著. --沈阳：辽宁大学出版社，2024. 12. --ISBN 978-7-5698-1835-2

Ⅰ.F5

中国国家版本馆 CIP 数据核字第 2024DL5216 号

交通运输及可持续发展研究
JIAOTONG YUNSHU JI KECHIXU FAZHAN YANJIU

出 版 者：	辽宁大学出版社有限责任公司
	（地址：沈阳市皇姑区崇山中路66号　邮政编码：110036）
印 刷 者：	沈阳市第二市政建设工程公司印刷厂
发 行 者：	辽宁大学出版社有限责任公司
幅面尺寸：	170mm×240mm
印　　张：	14.25
字　　数：	230 千字
出版时间：	2024 年 12 月第 1 版
印刷时间：	2025 年 1 月第 1 次印刷
责任编辑：	李珊珊
封面设计：	韩　实
责任校对：	郭宇涵

书　　号：ISBN 978-7-5698-1835-2

定　　价：88.00 元

联系电话：024-86864613
邮购热线：024-86830665
网　　址：http://press.lnu.edu.cn

前　言

交通运输作为现代社会的血脉，不仅承载着人员和物资的流动，而且是经济发展和社会进步的重要推动力。随着全球化的不断深入，交通运输系统的完善与否直接关系到一个国家乃至全球的经济竞争力和社会福祉。在这一背景下，交通运输与可持续发展的结合显得尤为重要。可持续发展理念的提出，旨在实现经济、社会和环境的和谐共生，而交通运输作为连接这三者的纽带，其发展模式的转变对于实现这一目标具有决定性作用。然而，传统的交通运输模式往往伴随着环境污染和资源消耗的问题，这与可持续发展的目标背道而驰。因此，如何在保障经济效益的同时，实现社会效益的最大化，减少对环境的影响，成为了我们必须面对的挑战。面对这一挑战，技术创新和政策支持成为了关键。通过研发新型交通工具、优化交通管理系统、推广绿色能源等措施，可以有效提高交通运输的效率和可持续性。同时，政府和相关部门的政策引导和法规制定，为交通运输的可持续发展提供了方向和保障。这不仅需要科研机构和企业的积极参与，还需要社会各界的广泛关注和支持。

《交通运输及可持续发展研究》是一部全面深入探讨交通运输领域与可持续发展理念相结合的学术专著。本书从交通运输规划、经济影响、安全管理体系、交通系统分析等多个维度出发，系统阐述了交通运输在促进经济发展、保障社会进步的同时，如何实现资源的高效利用和环境保护。书中不仅分析了铁路、公路等传统运输方式的安全管理，还着重探讨了城市交通的低碳发展、智慧交通系统的构建以及推动交通运输可持续发展的策略，旨在为相关领域的研究者、政策制定者和实践者提供理论指导和实践参考，共同推动交通运输行业的绿色、智能、高效发展。

  本书旨在汇集多方智慧，探讨交通运输领域的现状与未来，但作者清醒地认识到，任何研究都不可能一蹴而就，也不可能完美无缺。作者期待本书能够激发更多的思考和讨论，为交通运输的可持续发展贡献一份力量。同时，也真诚地希望读者能够提出宝贵的意见和建议，共同推动这一领域的进步。

作 者

2024 年 10 月

目　录

前　言 ⋯⋯⋯⋯⋯⋯⋯⋯⋯⋯⋯⋯⋯⋯⋯⋯⋯⋯⋯⋯⋯⋯⋯⋯⋯⋯⋯⋯⋯⋯ 1

第一章　交通运输导论 ⋯⋯⋯⋯⋯⋯⋯⋯⋯⋯⋯⋯⋯⋯⋯⋯⋯⋯⋯⋯⋯ 1

　　第一节　交通运输规划 ⋯⋯⋯⋯⋯⋯⋯⋯⋯⋯⋯⋯⋯⋯⋯⋯⋯⋯⋯ 1
　　第二节　运输组织 ⋯⋯⋯⋯⋯⋯⋯⋯⋯⋯⋯⋯⋯⋯⋯⋯⋯⋯⋯⋯⋯ 15
　　第三节　交通运输安全 ⋯⋯⋯⋯⋯⋯⋯⋯⋯⋯⋯⋯⋯⋯⋯⋯⋯⋯⋯ 31

第二章　交通运输经济学 ⋯⋯⋯⋯⋯⋯⋯⋯⋯⋯⋯⋯⋯⋯⋯⋯⋯⋯⋯ 44

　　第一节　交通运输经济影响 ⋯⋯⋯⋯⋯⋯⋯⋯⋯⋯⋯⋯⋯⋯⋯⋯⋯ 44
　　第二节　交通运输市场与营销理论 ⋯⋯⋯⋯⋯⋯⋯⋯⋯⋯⋯⋯⋯⋯ 50
　　第三节　交通运输投资与效益分析 ⋯⋯⋯⋯⋯⋯⋯⋯⋯⋯⋯⋯⋯⋯ 72

第三章　交通系统分析 ⋯⋯⋯⋯⋯⋯⋯⋯⋯⋯⋯⋯⋯⋯⋯⋯⋯⋯⋯⋯ 81

　　第一节　交通系统宏观与结构分析 ⋯⋯⋯⋯⋯⋯⋯⋯⋯⋯⋯⋯⋯⋯ 81
　　第二节　交通系统功能与环境分析 ⋯⋯⋯⋯⋯⋯⋯⋯⋯⋯⋯⋯⋯⋯ 85
　　第三节　交通运输需求与供给分析 ⋯⋯⋯⋯⋯⋯⋯⋯⋯⋯⋯⋯⋯⋯ 98
　　第四节　交通运输供求平衡分析 ⋯⋯⋯⋯⋯⋯⋯⋯⋯⋯⋯⋯⋯⋯⋯ 106

第四章　铁路运输安全管理 ⋯⋯⋯⋯⋯⋯⋯⋯⋯⋯⋯⋯⋯⋯⋯⋯⋯⋯ 113

　　第一节　铁路运输安全管理基础 ⋯⋯⋯⋯⋯⋯⋯⋯⋯⋯⋯⋯⋯⋯⋯ 113

第二节　铁路运输安全预防体系 ······ 121
　　第三节　铁路运输安全保障体系 ······ 126
　　第四节　铁路运输安全事故处理及救援体系 ······ 147

第五章　公路运输安全管理 ······ 154
　　第一节　公路运输基础 ······ 154
　　第二节　公路运输设施与设备 ······ 156
　　第三节　道路运输行政管理 ······ 163
　　第四节　城市道路交通 ······ 177

第六章　交通运输与可持续发展 ······ 188
　　第一节　城市交通的低碳发展策略 ······ 188
　　第二节　交通运输与旅游服务的融合创新 ······ 198
　　第三节　智慧交通系统的构建与应用 ······ 208
　　第四节　推动交通运输可持续发展的策略 ······ 214

参考文献 ······ 218

第一章　交通运输导论

第一节　交通运输规划

一、交通运输规划概述

（一）交通运输规划目标与体系

交通运输规划是交通运输系统建设与管理科学化的重要环节，是国土空间规划的重要组成部分。交通运输规划属于发展布局规划，是制订交通运输系统建设中长期规划、编制五年建设计划、选择建设项目的主要依据，是确保交通运输系统建设合理布局，有序协调发展，防止建设决策与建设布局随意盲目的重要手段。

交通运输规划的目标是建立一个适应社会经济发展要求、满足客货运输量增长需求，其道路、轨道、水运、航空、管道各子系统既独立高效运转又协调配合的安全、便捷、高效、绿色、经济的现代化综合交通运输系统。交通运输规划流程是从总体设计出发，包括目标任务、规划原则、规划依据、规划期限、规划范围的确定；通过现状调查与分析，进行交通运输量发展预测；在预测基础上进行规划方案的设计、比选；最后对规划方案评价，制定实施方案与策略等。

交通运输规划体系一般包含五个层次，即战略规划、布局规划、发展规划、建设规划和项目计划。战略规划更偏向于交通发展战略的制度性或概念性设计；布局规划是指重要交通节点、交通运输线路和交通运输网络的空间分布在原理上的设计；发展规划是指在特定规划期内，根据交通需求状况所作的对布局规划的调整、补充以及该时期内应该建设的交通运输能力总量、规模、交通运输方式及其技术等级决策；建设规划则是指一定规划期内具体建设项目的确定、建设时序的安排；项目计划则是在布局规划、建设规划都已批准的情况下，对具体交通项目的实施与管理，更多的是计划与管理，并不属于规划。

(二) 交通运输规划内容与原则

1. 规划内容

无论是综合交通运输规划还是专项交通运输规划，规划的主要内容均包括：交通运输系统现状调查；交通运输系统存在问题诊断；交通运输系统交通需求量发展预测；交通运输规划方案设计与优化；交通运输规划方案综合评价；交通运输规划方案的分期实施计划编制；交通运输系统规划的滚动。

2. 规划原则

要制定科学、合理的交通运输规划，必须遵循一定的原则，使其不但满足经济社会的服务需求，同时符合其自身发展规律。交通运输规划应遵循的原则如下：

(1) 国土空间开发可持续发展

我国资源分布、各个地区经济发展水平还很不均衡，为促进社会均衡发展必须构建环境友好型、土地利用效率高并适应我国能源结构的节约型交通运输系统，与国土空间开发保持战略一致。

(2) 运输优化与运输一体化

对现有资源充分整合、优化利用，充分发挥各种交通运输方式的优势与已有交通运输网络、运输通道、交通枢纽的作用，再根据交通运输需求变化构建结构合理的一体化综合交通运输系统。

(3) 局部服从整体

某一层次的交通运输规划必须服从上一层次交通运输总体布局的要求，省域公路网规划必须以国家干线网规划为前提，市域公路网规划必须以国家干线网、省域干线网规划为前提。

(4) 近期与远期相结合

交通运输建设是一个长期发展的过程，一个合理的交通运输系统建设规划应包括三个层次：远期发展战略规划、中期建设规划、近期项目建设计划。交通运输建设的长期性决定了交通运输规划必须具有"规划滚动"的可操作性，规划的滚动以规划的近远期相结合为前提。

(5) 理论与实践相结合

交通运输规划是复杂的系统工程问题，必须利用系统工程的理论方法对交通运输系统从相互协调关系上进行分析、预测、规划及评价，获得总体效益最佳的交通运输系统规划布局及建设方案。

①四阶段法。四阶段法是一种基于交通流预测的交通规划方法，其主要思想是将交通流预测过程划分为相互联系且在时间上继承的四个阶段：交通生成、交通分布、交通方式划分和交通分配。对每个阶段应用不同的模型进行分析预测，预测结果作为下一阶段的输入数据，从而最终可以预测得到交通运输量，并依此决定运输线路的分布、网络规模。四阶段法中的其他模型包括出行终点选择模型、地区间模型、分担率曲线法、Probit模型和非集计模型等，实际规划时用哪种方法，取决于交通运输规划具体地域的出行特点。

②总量控制法。总量控制法主要内容包括：既有路网现状分析与评价、规划期内社会经济发展预测、交通运输网络发展规模预测、交通运输网络布局设计和交通运输网络流量分配、建设序列安排和方案评价。该法充分利用现有交通运输统计资料，依据区域内的社会经济发展和社会生产力布局等特点，通过对交通运输需求、交通运输网络建设资金等多个总量指标的预测，来控制交通运输网络建设总规模，确定交通运输网络的总格局；然后综合考虑各节点政治、经济、文化、地理环境特点，按照政策、技术、经验相结合原则，将规划期网络流量分配至各运输线路并确定技术等级与建设时序。总量控制法注重交通运输的宏观成因，研究城镇的综合经济规模与交通运输需求的关系，并根据资金约束，进行网络优化与排序。

③交通区位法。交通区位法是基于交通区位理论发展起来的，其核心是

交通节点和运输线路的区位分析，本质上是一种长期交通运输网络布局理论。它按照系统论原理归纳出了分析、操作复杂系统的一般程序：分层处理，将交通运输网络划分为几何联系特性、交通运输方式特性、技术特性等层次；找出特性对应的主贡献因素，根据一种特性主要是由一种因素所贡献或支配的原理，找出影响每种特性的因素；根据特性变化与对应主贡献因素变化的速度相等或近似的原理，分析每种特性、每种主贡献因素的变化速度，根据变化速度相近似进行配对（例如交通运输网络地理联系特性主要由地理因素贡献）；找出影响系统行为的支配特性及其主贡献因素，支配系统行为的特性也只能是一个或极少数几个，并且是所有特性中变化速度最慢的，因而这种特性具有本体特征或内生属性。

二、综合交通运输规划

综合交通运输规划是支撑和约束国土空间使用、优化空间结构、协调空间组织、转变国土空间联系方式的重要手段和途径。综合交通运输规划主要包括综合交通枢纽规划、综合运输通道规划、综合交通运输网络规划。

（一）综合交通枢纽规划

合理规划区域综合交通枢纽，统筹规划枢纽的线路、场站以及信息传输等设施，是保障多种交通运输方式、多种载运工具运作过程连续、方便、高效地实现旅客和货物的到发、通过、换乘与换装，提高综合交通运输网络运营效率和服务质量的前提和基础，也是保证各种交通运输方式紧密衔接，实现优化与协调的重要举措。

1. 规划目标与原则

综合交通枢纽规划的目标是使各种交通运输方式在枢纽所依托的城市有机衔接，保证最方便快捷的换乘和换装，使之符合综合交通运输系统社会效益最大化的宏观目标，并且与综合交通枢纽所在城市的城市交通运输系统有机结合，使城市的对内、对外交通衔接流畅，保证城市基本功能的实现。综合交通枢纽的合理布局应遵循以下原则：必须从国家综合交通运输系统的形成与发展来考虑综合交通枢纽的布局；与城市建设和工业发展密切配合；综合交通枢纽内部布局服从国家综合立体交通网规划，充分保证各种交通运输方式间协调。

2. 规划的主要内容

（1）枢纽城市布局

综合交通枢纽城市是综合交通运输网络中的重要节点，具有良好的地理、交通区位等条件，有广大的吸引和辐射范围，对区域内交通运输的衔接顺畅和高效运行具有全局性的重要影响。根据枢纽城市的各种影响因素，将主要影响因素设置为一级指标，可以包括经济社会、交通运输发展的主要指标，对每一项指标进行细化，得出具体的二级指标。评价指标体系中既包括定量指标也包括定性指标，将所有指标进行标准化，全部转换成0~1之间的数值。

（2）枢纽场站选址

综合交通枢纽所在区域，由于受交通发生吸引源的分布、交通运输网络特点和自然环境等因素的影响，在同样的地域范围和同样的综合交通运输网络上，布局不同的枢纽场站，会导致不同的综合交通运输效率和经济社会效益。根据对经济社会发展和交通需求的预测结果，利用交通运输规划和网络优化理论和方法，综合考虑交通发生吸引源的分布情况、交通运输条件及自然环境等因素，对枢纽场站的数量、地理位置、规模和与其他枢纽的相互关系进行优化和调控，实现整个综合交通枢纽运输效率的最大化。

（3）枢纽场站布局规划

枢纽场站布局规划包括两个阶段：第一阶段是在综合交通枢纽服务范围内分别从其客货源出发，根据用户均衡原理，选择各自认为最优的路径到达客、货场站。这个过程是利用城市交通运输系统完成，采用交通运输规划的四阶段法来分析各场站在枢纽内部的分布状况和对路段的行走时间、交通运输成本的影响，从而初步确定枢纽场站的数量和位置。

第二阶段是旅客或货物到达枢纽的有关场站后，由运输企业根据本企业的运营管理情况，按一定的时间、线路和配载方法，把它们运到目的地。两个阶段的连接点就是综合交通枢纽的场站。由于规划者不能控制交通运输市场供需双方的微观行为，只能通过合理规划和布局枢纽的场站，来达到宏观引导需求者的选择和供给者的运营行为，使整个综合交通运输系统达到社会效益最大或者广义费用最小的目标。

（4）枢纽规划方案评价

枢纽规划方案评价包括社会、环境、经济效益评价。社会评价包括枢纽城市空间发展及人口集聚程度、城市就业率提升与城市化水平等。环境评价包括生态环境改善、环境污染、城市噪声等。经济效益评价包括国内生产总值、城市财政收入、人均收入水平等。

（二）综合运输通道规划

综合运输通道规划是在需求预测的基础上，结合系统的外部环境，对规划期内通道的类型、规模、构成、建设时序及内部运输方式的规模等进行规划，进而推动区域经济以"点轴—带—网"的模式不断扩张，通过对综合运输通道的合理规划使其更好地服务于经济发展。

1. 综合运输通道规划目标与原则

综合运输通道规划的目标是在对现状综合运输通道形成过程及其缺陷分析的基础之上，从建设、使用角度出发，对综合运输通道的发展需求和硬件条件进行分析和明确，建立与交通运输业发展规律相协调、与社会经济发展需求相一致的综合运输通道格局，包括综合运输通道内不同运输线路走向、衔接方案的拟订与技术经济比较、优化工作。综合运输通道的布局应遵循以下原则：服务于区域规划，加速推动区域一体化进程，为区域产业升级和转移提供有效支撑，根据区域规划发展要求，布局区域综合交通运输通道；服务于产业发展及城镇体系规划，引导产业带和城镇轴的形成和发展，促进产业升级、加速城市化进程，在空间布局上予以有效支撑；加强区域重点交通运输枢纽的联系，为区域经济社会发展服务；有效扩大综合运输通道服务覆盖面，形成区域综合交通骨架网络，使得区域内更多地区享有更便捷、更多样、更低成本的运输服务。

2. 综合运输通道规划流程

综合运输通道规划方法主要从综合交通运输系统全局的视角，分析综合运输通道内城镇、产业、运输需求等特征，研究其对综合交通运输基础设施的要求。规划流程为：结合国土空间总体规划、社会经济发展规划等，分析区域经济发展水平、产业发展特征、交通发展特征，确定综合运输通道研究的目标，制定规划总体方案与实施计划；分析区域交通运输供求特征、现状综合运输通道适应性，总结综合运输通道内设施现状问题；进行区域运输需求预测，分析区域客货流流向流量，运用重要度区位联合法等进行综合运输通道规划；结合综合运输通道设施发展的模式选择分析，进行综合运输通道内部设施布局、方式协调等优化；从社会、经济、环境等方面对规划方案进行综合评价，并给出规划网络分期实施方案。

3. 综合运输通道规划的主要内容

（1）综合交通运输调查分析

综合运输通道规划的交通调查分为社会、经济环境调查及客、货运交通量调查等。重点应对通道沿线交通运输设施及社会经济发展的状况进行调查。通过综合交通调查分析既有交通系统存在问题并剖析其成因，标定运输通道模型的参数。

（2）交通运输需求预测

综合运输通道规划中的需求预测是对综合运输通道进行规划的基础，目的是根据对综合运输通道服务范围内的社会经济发展状况及历史数据的分析，预测未来的总需求及内部各种交通运输方式的交通运输需求，估计规划期内交通运输方式的分担率，从而对综合运输通道结构的优化提供参考。

（三）综合交通运输网络规划

综合交通运输网络规划是在考虑特定区域社会经济发展需求、环境、资源等因素的基础上，提出综合交通运输网络布局的规划方案，并对各方案进行比选，确定规划方案，对规划方案进行综合评价，制定分期实施的项目建设序列，提出规划实施的保障措施和建议。

1. 综合交通运输网络规划目标与原则

综合交通运输网络规划的目标是在充分考虑国土利用规划、社会经济、交通运输需求、环境资源的外部要求基础上，通过对综合交通运输网络的节点、线路、通道和网络整体的设计与布局等，实现各个交通运输系统之间的协调合作和优势互补，以达到交通运输效率最大化，促进其与社会经济以及环境系统的协调与可持续发展。

综合交通运输网络规划应遵循以下原则：适应区域发展战略和规划，统筹考虑经济布局、人口和资源分布等对交通运输的要求，并适度超前；根据客货流的流量和流向，同时考虑与区域对外的经济联系和过境交通的需求规划综合交通运输网络；充分考虑区域的自然地理条件和资源特点，因地制宜地发展各种交通运输方式；体现以人为本，强化枢纽衔接和一体化运输设施配置，做到点（站、港、枢纽）、线（线路、航线）、面（交通运输网络）的协调，形成综合交通运输能力；注重节约和集约利用土地，节能减排，整合既有资源，保护生态环境，构筑资源节约型、环境友好型的综合交通运输网络。

2. 综合交通运输网络规划流程

综合交通运输网络规划除了要结合区域社会经济发展规划及国土利用总体规划之外，还要在规划过程中吸纳综合运输通道、枢纽布局的研究成果。区域综合交通运输网络规划流程包括：结合区域国土利用总体规划、区域社会经济发展规划，确定区域综合交通运输网络规划的目标，制定规划总体方案与实施计划；综合交通调查，主要包括交通运输基础设施、运输组织等资源分析，既有交通系统存在问题的剖析及成因分析，现状交通运输模型的参数标定；结合交通运输发展与社会经济发展相关性分析，预测区域社会经济发展，研判交通运输发展趋势，综合运用四阶段法进行运输需求预测；结合综合运输通道布局规划与综合交通枢纽布局规划成果形成的综合交通运输网络主骨架，拟订综合交通运输网络布局规划方案，并对布局规划方案进行优化比选；从社会、经济、环境等方面对规划方案进行综合评价；给出规划网络分期实施方案，并对近期建设项目进行排序。

三、交通运输专项规划

(一) 道路交通运输规划

道路交通运输规划包括公路网规划与城市道路网规划。公路网规划就是将区域道路交通运输网络作为一个整体，通过对区域道路交通运输网络的现状进行分析和评价，以及对未来区域社会经济发展、客货运交通需求、道路建设投资进行预测，并以此拟订合理可行的公路网规划建设方案，确定区域道路网的规模、布局、建设时序及配套政策、措施等，以指导区域道路的建设和改造的过程。

1. 城市道路网规划流程

城市道路网规划工作流程具体分为三个阶段：开展现状调查与资料收集、现状分析与问题诊断，并解读上位规划与相关专项规划，分析城市交通发展趋势；建立城市交通模型，进行交通需求分析和预测，以交通需求为参考，制定城市道路网规划方案，包括道路功能分级体系、快速路系统、骨架路网布局、支路网控制性规划以及道路设施规划等方案；利用交通模型对规划方案进行测试与评价，调整优化方案，并制定路网规划的近期实施方案。

2. 城市道路网规划的主要内容

城市道路网规划主要分为以下六个方面的内容：制定城市道路网的发展目标、发展策略，确定近远期道路网体系结构、布局和规模；确定城市骨架道路系统（由快速路、主干道、次干道组成），论证并确定道路等级、建设控制标准、道路红线、对应道路断面形式及交叉口形式与控制范围；确定支路的控制规模，设置标准、走向、控制要求；制定主要道路横断面推荐方案；确定互通立交的位置红线控制范围，提出初步规划方案，明确跨线桥的位置与用地控制范围；确定交通设施布设的位置、标准与控制要求。

道路网规划要满足主要内容研究深度的要求外，还需包括：在确定道路网络总体结构、道路网主骨架的情况下，对不同等级的道路进行使用功能划分；对于道网中每一条道路根据其等级及使用功能进行横断面设计；确定道路红线控制范围；提出快速路、干道之间交叉口的形式并对主要干道之间的平面交叉口进行规划设计；对支路系统提出改善方案，确定支路的使用功能、红线宽度、交通管理的要求。

（二）轨道交通运输规划

轨道交通运输规划包括铁路网规划与城市轨道交通线网规划。铁路网规划就是将区域轨道交通运输网络作为一个整体。铁路网规划是一个系统工程，包括社会经济、行车组织、线路、站场、工程经济等多个子系统，研究理论涉及方方面面。它是以有关资料的调查及现状交通量系统分析评价为基础，以预测铁路交通 OD 量为依据，通过不断调整铁路网方案及预测未来交通需求在铁路网上的分布状况，来协调铁路网供给与未来交通需求之间平衡的一个复杂过程。

1. 轨道交通运输规划流程

铁路网规划研究思路及方法：从发展综合交通运输体系观点出发，以国家及省市社会经济发展规划为指导，贯彻社会经济可持续发展为原则，充分考虑各交通运输方式合理布局和分工，分析现状运输结构、特点及趋势，预测研究年度各区全社会运输需求及铁路运输流量和流向。根据运量需求提出铁路网总体规模及布局方案，制订铁路分期发展计划和实施步骤。

2. 轨道交通运输规划内容

（1）轨道综合交通调查分析

铁路网规划的交通调查分为社会经济、城市调查、铁路交通运营调查三部分，其中，铁路交通运营调查包括以下三个方面内容：

①全国铁路资料调查。全路运量历史及现状统计资料（包括发送量、周转量、省间交流、局间交接口运量），有关线路的运输人物和设计文件，有关线路的能力和运量。

②铁路局、铁路分局调查。铁路局、铁路分局统计资料汇编，主要线路技术标准、输送能力、运量与运能的矛盾，铁路主要运输统计资料，铁路计划，客货运输设备资料，铁路运行图资料，机务资料，工务资料。

③铁路站、段调查与分析。站、段调查除核实铁路局、铁路分局有关调查资料外，还应详细分析调查以下资料：货场分区作业资料，主要货主货运量资料，货运资料台账，旅客发送、中转、客流不平衡程度等。

（2）轨道交通需求分析

根据综合交通调查分析结果，进行铁路运输规划交通需求预测。具体步骤是：先对客货运交通生成、运输分布、列车方式进行预测，然后将客、货运列车方式预测的结果汇总进行铁路运输分配预测。

3. 城市轨道线网规划

轨道线网规划应基本做到"三个稳定、两个落实、一个明确"。"三个稳定"即线路起终点（走向）稳定、线网换乘节点稳定、交通枢纽衔接点稳定；"两个落实"即车辆基地和联络线的位置及其规划用地落实；"一个明确"即各条线路的建设顺序和分期建设规划明确。

城市轨道交通线网规划研究分为三个阶段：基础研究、线网构架研究和实施规划研究。

（1）基础研究阶段

该阶段主要对城市自然和人文背景加以研究，从中总结指导轨道交通线网规划的技术政策和规划原则。主要研究依据应是城市总体规划和综合交通规划等。具体研究内容包括城市现状与发展规划、城市交通现状与规划、城市工程地质分析、既有铁路利用分析和建设必要性论证等。

（2）线网构架研究阶段

线网构架研究是线网规划的核心部分，主要是方案构思、交通模型测试和方案评价三个工序的循环过程，其目的是推荐优化的线网方案。这部分研究主要内容包括：合理规模的研究、线网方案的构思、线网方案客流测试、线网方案的综合评价。

（3）实施规划研究阶段

实施规划是轨道交通是否具备可操作性的关键，集中体现轨道交通的专业性，主要研究内容是工程条件、建设顺序、附属设施的规划等。具体内容包括：车辆段及其基地的选址与规模研究、线路敷设方式及主要换乘节点方案研究、修建顺序规划研究、轨道交通线网的运营规划、联络线分布研究、轨道交通线网与城市的协调发展及环境要求、轨道交通和地面交通的衔接等。

（三）水路运输规划

水路运输规划的任务是对现有水路资源进行调查分析，以对港口、航道以及现有水系资源整合利用为原则，分析水路运输系统存在的问题；分析预测规划区域未来水路运输系统的运输量,确立有效的水路运输发展运输量,解决航道、港口、船舶运行等子系统的规模、等级、实施序列等问题,为未来区域社会经济发展提供高效、合理、优质的水路运输服务。

1. 水路运输规划流程

水路运输规划必须从总体设计出发,包括目标任务的确定、规划原则的确定;然后通过现状调查与分析,进行水路交通运输量发展预测,在预测基础上进行方案的规划设计、比选;最后对规划方案综合评价,制定实施方案与策略等一系列基本流程。

2. 水路运输规划的主要内容

(1) 水路综合交通调查分析

航道网规划调查主要包括社会经济和交通运输两个方面。包括规划对象的上位规划资料,影响范围内的社会经济现状及发展规划资料,产业布局现状及规划,影响范围内物资种类、分布、流向以及未来开发趋势等基础资料收集。做好航道网规划还必须对影响范围的交通状况进行调查,主要包括:现有航道网络、设施和船舶状况调查;规划范围内其他运输方式地位、现状和发展规划资料收集;历年运输总量、运输周转量以及各种交通运输方式运量承担情况调查等;必要时要组织规划人员进行规划区域水运交通OD分布调查。

港口现状的调查工作应包括腹地的经济、交通状况、港口的地理位置、港口的自然条件等。除了经济社会条件调查,港口规划建设还必须对建港地区的自然条件进行调查和分析。

(2) 水路交通需求分析

①航道需求预测。通过对研究区域内各小区历史经济数据的回归分析,采用相关模型进行预测、分析社会经济指标与水运运量之间的相关性,预测出全区域各特征年的客货运总量及分货种运量,预测各小区的边际总量,包括进入总员和出发总量,预测各小区分货种的进入量和出发量以及市内各节点的进入量与出发量的总量和分货种运量,对外市小区各节点进行总量及分货种进入量、出发量预测、OD运量分布预测、航道配流。

②港口吞吐量预测方法。港口吞吐量也称为货物流量，是一年之中经由港口进行装卸的货物总量。吞吐量是确定港口规模的决定性指标，对于指导港口进行规划建设具有重要意义。除了传统的定性和定量预测方法外，近年来随着运筹学理论在水运行业中的应用，运量预测中的不确定性也日益被人们所认识和掌握。因此，运量预测中的不确定性分析（或称概率分析或风险分析）已作为运量预测的一个重要组成部分为人们所重视，并逐步由定性描述向定量发展。运量预测中的不确定性分析已成为主要方法。

（四）航空运输规划

航空运输规划是为实现航空运输系统的目标对系统的结构、规模、作用、市场等做出的计划。航空运输生产能力的安排应当与运输需求相适应，或两者应当尽可能保持平衡。

航空运输规划主要包括机场规划、航线规划及机队规划。

1. 机场规划

（1）综合交通调查

机场规划交通调查内容包括现有机场的规模和使用情况、空域结构和导航设施、机场周围的环境、已有的机场地面交通系统、城市发展规则、区域经济规划等，确定适应运输要求所需要的机场设施，预测包括年旅客量、年飞机运行次数、年货运量、机队组成、出入机场交通量等。进一步确定机场的跑道数、跑道长度、停机坪面积、航站楼面积、出入机场地面交通的类型、机场所需的土地面积等。

（2）机场需求分析

航空业务量预测是机场规划的基础，预测方法主要有专家判断法、类比法、趋势外推法、计量经济法、市场分析法五种。

（3）方案制定

①机场规模确定。机场所需的发展规模取决于以下几个因素：预期使用该机场的飞机性能特性和大小、预测交通量、气象条件及机场场址的标高等。

②机场选址。新建机场的规划应包括机场选址的内容。机场选址是从环

境、地理、经济和工程观点出发，寻找一块其尺寸足够容纳各项机场设施而且位置适当的场地。选址的场地最重要的一点是对各候选机场地址（包括现有机场的扩建）进行正确的评价。评价应考虑以下因素：可利用空域；在机场附近的空域内是否有障碍物，即所谓的净空要求；对周围环境和发展的影响；机场的物理特性，如地形、地基、气候等；接近航空业务需求点，例如接近城市中心等；现有出入机场的地面交通系统；土地价格。

2. 航线布局规划

对客货运输的市场需求进行调查，掌握交通需求在空间上的发生量与吸收量，通过社会调查（SP调查）分析，预测航空运输方式分担客货运量的比例。根据航空运输方式的分担运量的大小，研究航线对象城市机场的规模、跑道等级、通信导航能力、机队运输能力以及地面交通能力等因素。

3. 机队规划

（1）机队规模决策

主要应用载运率对指定时期的未来航空运输市场的潜在需求做出估计，当载运率达到一定水平时，就会发生客货溢出，此时航空交通需求大于航空公司的运力。载运率越高，潜在旅客需求量越大，这就意味着航空公司潜在收入的损失越多。因此，当有关指标相对偏高时，说明可供运力不能满足市场要求，此时应考虑增加运力，这是一种"指标警示"分析方法。这种方法既可以作为航空公司整体运力的需求分析，也可以用于某一航线运力需求分析。机队规模的宏观分析方法包括预测飞机需求总量、分析现有机队运力、确定新增飞机数量及调整总体运营规划等。

（2）航班机型调配

从城市的角度出发，对已经开航或拟开航的各航线逐条进行预测，求得各个座级飞机的需求量。汇总各航线需求量，得到公司飞行需求总量。微观分析方法主要是以航线为出发点，以每一条航线甚至航班机型选择为基础，其解决问题的思路与宏观分析方法形成对比。

第二节 运输组织

一、运输组织概述

(一) 运输组织概念与目标

1. 运输组织概念

运输组织是指在运输企业的生产和经营实践中发展起来的关于运输资源合理配置和利用的理论和技术。作为社会组织管理职能之一的运输组织,包括微观和宏观两个不同层面。

(1) 微观意义上的运输组织

从运输企业系统整体优化的目标出发,以生产过程的组织管理的最优化,实现资源投入的最小化和产品利润的最大化为运输组织之目的。不同的交通运输方式都有其特定的运输线路、载运工具,并形成各自的技术运营特点、经济性能和合理的使用范围,在运输生产组织中,应充分根据交通运输方式、企业运输服务的特点,合理配置载运工具、装卸设备以及其他辅助设施和设备等,科学组织交通运输作业流程。

(2) 宏观意义上的运输组织

交通运输系统由多种交通运输方式构成,一个完整的交通运输过程可能由一种交通运输方式完成,更可能需要多种交通运输方式联合完成。由多种交通运输方式相互协作配合完成运输过程,需要更高形式的运输组织模式。这种模式不仅要解决交通运输方式间旅客的换乘、货物的装卸和中转运输的技术问题,而且要克服不同交通运输方式间管理体制、规章制度和信息系统的各种障碍,建立统一的技术、组织和制度的保证。

2. 运输组织目标

正确处理交通运输安全与运输效率的关系,在保证安全的基础上提高运输效率,是运输组织的原则。运输效率的提高是需要考虑在一定条件下合理地规划和运用运输固定设备、活动设备和人力资源,是一个多目标综合优化问题。

载运工具运用方面，有车辆和船舶的货物配载问题，有特殊货物运输条件的确定和安全运输问题。

交通运输港站工作方面，有运输动力、线路、作业站台、仓库货位和装卸机械等设备配置问题与运输技术作业流程的组织管理问题。

交通运输网络运用和管理方面，有交通流的组织调整和动态监控、确保系统安全、畅通和交通高效有序的问题。

运输企业生产和经营方面，有运输市场调查、客流和货流组织以及运输产品设计的问题，运输设备综合运用和运输生产过程优化组织的问题。

综合交通运输系统方面，有各种交通运输方式的布局和运输协作配合问题等。需要载运工具及其运输能力符合要求，科学合理地规划运输固定设备、活动设备和运输管理系统的布局和建设，实现运输资源动态合理配置。

(二) 运输组织要素

运输活动主要由提供运输服务的专门的运输企业完成，运输过程主要包括两大组成部分：运输用户与运输企业之间的运输商务过程、运输企业运送旅客和货物的运输生产过程。

运输商务过程是由运输用户与运输企业之间，围绕运输服务需求和运输服务质量和价格，明确双方权利义务进行交易并最终形成契约关系、订立运输合同的过程。

运输生产过程是运输企业履行上述契约要求，提供相应的运输产品和服务，借助一定的载运工具，综合运用相关技术设备和人力资源，组织有关部门和环节的协调和配合，实现运输对象的运送过程及其相关的技术、经济和安全管理过程。

运输对象由旅客和货物构成。两者的运输需求有相同的方面：每一具体的运输需求都有其始发、终到地点构成位移需求；都有一定批量构成运输量的需求；都有一定的对运输过程的运输服务水平（例如安全性、快速性、方便性、经济性、舒适性等）的质量需求。因此，需要利用一定的载运工具和运输线路，在一定地点（港、场、站）完成一定的作业。

1. 旅客运输组织

按载运工具不同，有铁路、公路（包括城市道路）、航空和水运四种方式。按运程不同，有城际旅客运输和城市旅客运输。旅客运输服务对象的运输流程可以简单描述为：旅客获得乘坐载运工具的凭证；旅客从始发地港、站登乘载运工具开始运输；旅客在途中运输，包括中转和换乘；旅客到达目的地，离开载运工具，终止运输。客运站（港、机场）是旅客运输的起终点，旅客运输的组织与管理主要是在客运站（港、机场）内完成。

为组织旅客运输过程，运输企业需要进行以下工作：

旅客运输市场调查和旅客运输需求预测分析，了解不同旅客群体（客流）的数量、流向、流程、流动时间、旅行服务需求及其变化，分析各种运输方式的市场占有率。

根据市场需求开发有竞争力的、满足不同层次需求的多样化旅客运输产品和运输服务，如各运输线路和方向的不同行程的铁路列车、飞行航班、公路班车等。

制订运输计划，合理运用运输技术设备、能源和人力资源。

提供方便的客票预订和发售服务，良好的候车（船、飞机）环境和旅客乘降服务，安全快速舒适的载运工具，旅行途中优质规范的餐饮、卫生和文娱服务，信息服务，各种延伸服务，旅客投诉和理赔服务。

运输过程的监控和调度指挥，保证旅客和行李包裹安全、迅速和方便的输送。

运营活动的安全、技术和经济考核、统计分析和管理。

2. 交通运输流组织

客流与货流以载运工具为载体，实现有目的的位移，载运工具在运输线路上的移动便形成交通运输流。载运工具的运输组织方式多种多样，与道路交通运输和轨道交通运输相比，水路运输和航空运输的交通运输流是一种稀疏流，在运输线路上较少相互干扰和冲突，彼此表现出较强的独立性，通常只是在特定地段（如水运人工航道）和运输节点（水运港口或航空港）及其进出相邻区域才需要疏导和处理交通运输流。而道路交通运输和轨道交通运输的交通运输流，则不仅在节点上，而且在线路上均呈现较强的关联性。轨道交通运输的运载级别单元是车辆，但个别车辆一般不能单独发运，必须将相同去向或到站的车辆组成列车才能发运。列车运行需要严格规范其运行次序与运行速度，铁路车站便是列车产生、消失、途中停靠和运行次序调整的地点和场所。公路或城市道路以各种汽车为运载基本单元，速度不同的汽车在运输线路上的跟驰和超越关系常常发生变化，在平面交叉路口也要按不同运行方向确定通过交叉口的先后次序。为保证运输安全、畅通和良好的运输秩序，需要对交通运输流进行疏导、调节和管理，即交通运输流组织。

交通运输流组织主要内容：

管理、调节和控制交通运输需求，从时间和空间分布两个方面影响和促进交通运输流的适度生成和合理分布，制订运输计划，防止或缓解交通运输"瓶颈"的交通拥挤和阻塞。

调节控制交通运输线路上载运工具运行速度，实现较高的线路利用率和通行能力。

指定或规范载运工具的运行路径，提高载运工具的运输效率。

调整及控制载运工具运行的相互顺序关系，保证运输安全和良好的运输秩序。

组织交通运输场站作业过程，包括：旅客乘降、货物装卸，组织载运工具基本单元的分解、组合、中转、接续、技术检查、商务检查、货物及其票据交接等作业过程，保证作业过程的连续性、平行性、协调性、均衡性等方面的要求。

编制公共交通运输服务时刻表，协调和规范公共交通运输系统的运输组织工作。

3. 交通港站作业组织

交通港站是旅客和货物运输的始发、终到和中转地点。其生产过程包括：

（1）生产准备过程

生产准备过程是指基本生产活动之前所进行的全部技术准备和组织准备

工作，如编制旅客和货物运输计划、装卸作业计划，设计运输工作方案，确定作业地点、库场和接运工具，准备装卸机械和货运文件等。这些工作是确保基本生产过程得以顺利进行的前提。

（2）基本生产过程

基本生产过程是指旅客在交通港站的乘降、行李包裹和货物的装卸、搬运以及载运工具进出场站和在场站内部的有目的的运输移动和技术作业，是运输对象和载运工具从进入港站到离开港站所进行的全部作业的总和。

（3）辅助生产过程

辅助生产过程是保证基本生产过程正常进行所必需的各种辅助性生产活动，如运输机械、场库、站台（泊位）货位、信息通信、线路基础设施、电力供电和装卸机械等的维修、保养与管理。

（4）生产服务过程

生产服务过程是为基本生产和辅助生产服务的各项活动，如为旅客运输提供的候车（船、飞机）、餐饮、娱乐、信息等服务，为货物运输提供的理货、仓储和计量等服务，为载运工具提供的技术整备、生活必需品供应、燃料和淡水供应服务、设备整备、清洁、检查、保养与维修，为货主提供的货物鉴定、检验、包装等服务。各种生产服务活动也是交通港站生产活动不可缺少的组成部分。

4. 运输生产的流程再造

运输生产过程是为实现人和物有目的的移动而进行的一系列逻辑相关活动的有序集合。运输企业有效运行的标志，是实现人流、物流、资金流和信息流的合理流动，按照一定的逻辑顺序，由一个阶段向另一个阶段转变，这种转变过程实际上是一种流动。因此，将运输生产过程及其管理过程称为运输流程。

运输生产流程再造是以信息社会下的业务流程再造理念为基础，为有效改善运输组织的绩效，对现有运输生产流程的重新分析、设计和改造。其中，电子商务所激发的运输流程再造已经影响到了运输组织的各个环节，而集装箱运输则是运输流程再造的典范。

集装箱运输组织形式克服了普通件杂货运输存在的装卸效率低、货损货差率高、包装要求高、货运手续繁杂、运输服务质量低等缺点。集装箱运输使流通过程中每一个环节都发生了根本性的变革，是一种高效率、高效益、高质量的运输组织方式。

（1）高协作的运输方式

参与集装箱运输的环节和组织主要包括四方面：海运、陆运、空运、港口、货运站、堆场等运输环节；道路、轨道、水运、航空、管道运输公司；船舶代理公司、货运代理公司、集装箱租赁公司、公共承运人、海关、商检、安检、保险公司等相关部门；发货人、收货人。集装箱运输涉及面广、环节多，是一个复杂的交通运输系统工程，需要多方面的合作。

（2）适于组织多式联运

多式联运能够把道路交通运输、轨道交通运输、水路运输、航空运输、管道运输有机结合起来，构成连贯运输，为货主提供经济、快速、安全、便捷的运输服务，而运输单元则是集装箱，集装箱运输的优势可以在多式联运中得到最充分的发挥和体现。

（3）有利于提升运输服务质量

多式联运最显著的特征：一个多式联运合同；一个多式联运经营人，对全程运输负总责任；是至少两种不同交通运输方式的连贯运输；使用一份全程多式联运单据，对货主实现全程单一运费费率；另外，集装箱转运时只是箱体的装卸，不涉及箱内货物货损、货差降低、运输服务质量明显提高；各运输环节和部门之间配合密切，分工明确，货物交接速度快，减少了货物停留时间，实现了安全、准确、及时运抵目的地的新型运输服务组织方式。

二、城际旅客运输组织

城际客流是由旅客在城市间流动形成的客流，主要包括类别、流量、流向、流动时间及运距五个要素。城际客运是指借助于客运工具实现旅客在城市间空间位移的过程。在旅客运输过程中，完成或需要完成的运送旅客人次数称为客运量（人次）；完成或需要完成的旅客运输工作量称为旅客周转量

(人次·km)。客运量和旅客周转量统称为旅客运输量,用以衡量运输生产劳动量。城际客运可分为四种类型:道路客运、轨道客运、水路客运和航空客运。随着旅客多样化出行需求的增长,对联程运输的要求日益增加,多种运输方式间衔接换乘的便捷性不断提高。

(一)道路客运

1. 道路客运营运方式类别

道路客运按营运方式可分为长途直达、城乡短途、旅游客运和包(租)车客运四种类型。

(1)长途直达

即在某些较长的客运线路上,在起终点站之间不停靠,或仅在大站停靠的班车运输方式,主要用于跨省、跨区的长途干线上的旅客运输。一般情况下,当直达客流量大于客车定员的60%时,可考虑开行直达客车。

(2)城乡短途

即开行在城乡线路上需要沿途各站频繁停靠的交通运输方式。其所配备的客车除提供一定数量的座椅外,还应保留一定站位和放置物品的空间。

(3)旅游客运

指在游客较多的旅游线路上开设的旅客交通运输方式。通常配备舒适性较高的大、中、小型客车,以满足不同旅客的需要,同时还应配备导游人员。客车应根据旅客要求在风景点停靠,开行的方式可以采用定线、定班或根据游客要求定制等适当的形式。

(4)包(租)车客运

其组织对象主要是机关、企事业单位集体外出学习、游览的职工。包(租)车可根据具体情况分为计时和计程两种。

2. 道路客运站站务作业

其主要内容有售票工作、行包托运与交付、候车室服务工作、组织乘车及发车、接车等。

3. 道路客车运行组织

其工作主要包括确定客运班次、编排行车路牌、编制单车运行作业计划和调度工作。

(1) 客运班次计划及编制

客运班次主要包括行车路线、发车时间、起讫站、途经站及停靠站等。客运班次的安排是车站提供旅客安排旅行的依据（旅客根据自己的需要，按照车站公布的客运班次，确定乘车路线，选择合适的班次购票），也是车站完成旅客运输任务和企业据以安排运输生产计划的一项重要的基础工作。安排客运班次，必须深入进行客流调查，在掌握各线、各区段、区间旅客流量、流向、流动时间及其变化规律的基础上研究确定。

(2) 客车运行循环代号的编制

客运班次确定后，就要安排车辆如何运行，即编制客车运行循环代号。所谓一个循环代号是指一辆客车在一天内的具体运输任务，运行指定的一个或几个班次。通过合理编配，确定需要多少辆客运班车，即编出多少个循环代号（车辆运行路牌）。全部循环代号包括运输公司所有参与运营车辆的全部班次。循环代号的内容一般包括代号名称、班次的起讫站名称、开到时间、距离里程、车日行程等相关内容。

(3) 客车运行作业计划

客车运行周期循环表编好后，开始编制车辆运行作业计划。其编制步骤包括：确定相关数据资料，主要包括营运线路图、线路客运量（范围）、车日行程、车站作业时间、营运车辆类型、车辆数及车辆定额载客量、车辆工作率、实载率、营运速度、保修计划等信息资料；计算开行的客运班次数目确定班次时刻和路牌；编制月度客车运行作业计划表。

(4) 客运调度工作

客运调度室要根据循环代号，综合考虑企业保有客运车辆的实际情况，如车辆型号、技术性能、额定座位、完好率、工作率、平均车日行程、实载率，预估保留一定数量的机动运力，同时也要考虑和车辆的保修计划协调一致等。

客运调度的工作内容一般包括：做好运量与运力的平衡；监督客车运行作业计划的执行情况，合理调配车辆，确保运输生产按计划顺利进行；根据客流流量、流向、流动时间及其变化规律，及时调整运力，保证车辆运用效率得以充分发挥并能满足客运需要；参与班次时刻表和客车运行作业计划的编制，组织客车按计划运行；建立健全客运调度值班制度，做好日常调度工作；做好资料统计工作。

（二）轨道客运

1. 轨道营运方式类别

轨道客运按营运行程是否跨越铁路局管辖范围为界限，将铁路营运方式分为直通列车和管内列车两种类型。

直通列车，其行程跨及两个及以上铁路局。由于运输距离较长，要求列车中挂有卧车及餐车，对列车服务标准要求保证较高的舒适度。

管内列车，其行程在一个铁路局范围内。运输距离较短，列车服务标准更注重快捷准点。

2. 轨道客运计划编制

旅客运输计划是确定旅客列车对数和客运机车、车辆需要数的基础，也是确定客运设备、客运机车、车辆修造计划及客运运营支出计划的重要依据。

（1）轨道运输计划分类

长远计划，一般为 5 年、10 年或更长期的规划，是铁路客运的发展计划，主要制定旅客运输的发展方向、技术政策，旅客列车的速度、质量及有关的主要指标。

年度计划，依据长远计划，结合年度具体情况编制，是旅客运输的任务计划。它是确定旅客列车量和客运机车、车辆需要数以及客运设备改建、扩建的主要依据。

日常计划，根据年度计划任务，考虑季节性、假期及日常波动情况而编制，是指导日常旅客运输的工作计划。

（2）编制旅客运输计划依据

客流调查是编制旅客运输计划的基础。根据客流调查，可以掌握客运量的变化和发展情况。对于大批团体客流和节假日、双休日客流，可通过专门的客流调查直接确定流量和流向,从而为制订运输计划提供可靠的资料。

(3)客流计划编制过程

客流计划是实现旅客运输计划的技术计划,也是旅客运输能力的分配计划和旅客运输组织的工作计划。客流计划可一年编制一次,在国家铁路局集中统一领导下,根据客流资料,集中编制客流图和客流计划。

(4)客流分配计划

客流分配计划又称票额分配计划,票额分配工作是在编制新运行图时进行的。在旅客列车对数、行驶区段和列车编组内容确定后,根据旅客列车运送能力以及编制新运行图所使用的客流图、客流计划资料,分不同车次、上下行、软(硬)座、软(硬)卧铺进行票额分配。

3. 客运列车运行组织

为满足旅客旅行要求,除了做好列车乘务工作,还应做好旅客列车的运行组织工作。

(1)列车质量和速度的选择

由于列车的质量和速度决定机车的主要特征,对线路、列车制动以及站线和站台有效长度的要求,旅客列车的组成数量及旅客在途时间的消耗,直接影响到铁路的客运能力、服务质量和客运设备的使用效率。

(2)列车运行区段和行车量确定

列车的运行区段和行车量,基本上取决于客流计划。客流图为划分各种列车的运行区段、确定列车种类及行车量的工作提供了有利的条件。

(3)列车运行图的编制

在确定了旅客列车运行区段和行车量之后,需要确定各次列车的运行时刻,即编制旅客列车运行图。由于我国铁路是客、货列车共线运行,因此,列车运行图上同时辅画有客、货列车运行线。列车运行图规定了各种列车占有区间的次序,列车在每个车站的到达、出发或通过时刻列车在各区间的运行时间列车在车站的停站时间标准以及机车交路等。

(4)列车车底数的确定

列车编组的客车车种、辆数、编挂顺序一般是固定的,并由旅客列车编组表加以规定。这种固定连挂在一起的列车，叫客车固定车底，它在固定的运行区段内来回行驶，平时不进行改编。车底在配属段所在站和折返段所在站之间往返一次所经过的全部时间，称为车底周转时间。周转时间的长短是决定某一对列车所需车底数目的依据。

（三）水路客运

1. 水路营运方式类别

按航行区域分为近洋运输、沿海运输和内河运输。远洋运输是除沿海运输以外的所有的海上运输。沿海运输是利用船舶在我国沿海区域各港之间的运输。内河运输是利用船舶、排筏和其他浮运列车具，在江、河、湖泊、水库及人工水道上从事的运输。

2. 水路客运航线规划

（1）水路客运基本原则

①最大限度地方便旅客，满足社会各阶层旅客的水运需要；

②使船舶的利用率最高，经济效益好；

③能充分利用港口客运设施并尽量使港口工作均衡；

④客运航线能与其他交通运输方式合理衔接、协调配合。

（2）水路客运规划步骤

规划客运航线时应从整个客运系统出发，其具体规划步骤大致如下：

①分析现有客运航线的营运情况；

②综合分析客运航线起讫港间的各种客运方式；

③分析航区经营环境的变化；

④分析旅客需求的变化；

⑤新航线的构想及航线多方案设计；

⑥对设计的方案进行分析和评价，并确定最终航线方案。

3. 水路客运船型选配

每一条客运航线都有其特点，在这些航线上经营的船舶必须符合航线的特征。因此，客船是专门为特定的航线设计建造的，属于专用型。客运航线选配船舶应注意以下几点：

同航线上船舶的性能应相同或力求一致,以保证船舶能按相同的规律而有节奏地运行。

航线配船时,应考虑航线上的发船密度与计划期发船次数,以满足航线上的运输要求,并使船舶得到最好的利用。

在长途客运航线上,应配置设备较完善、速度较高、配备有卧铺的船舶;在游览航线上的船舶,设备配置亦应完善,为便利旅客观看沿途风光,航速不能太快。

短途客运航线,特别是支农航线,应采用比较经济实惠的船型,不论舱室或走廊,均尽可能宽敞以便存放东西。

4. 客运船舶运行时刻表编制

为了使客运航线的船舶运行准确及时,并与航道、港口工作密切配合,要求船舶必须按照规定的运行时刻表运行,以提高船舶正点率,保证正点运行。运行时刻表规定了船舶各自航线上的始发港、中途港、终点港的到发时间和停泊时间以及各航段上的航行时间。在编制和确定船舶运行时刻表时,既要保证航行安全,又要最大限度地方便旅客。

5. 客运船舶生产调度

水上客运生产调度基本任务是以客运为中心,科学地组织船舶生产活动,编制和执行水上客运生产计划,经济合理地利用船舶和港口设备能力,加速船舶周转,提高运营管理水平。

(1) 港口船舶调度

港口船舶调度主要组织内港拖轮进行拖带作业。港口船舶调度应熟悉港作拖轮的性能,如吃水、抗风力、船体强度、驾驶台高度等,同时也要熟悉被拖船的性能。港口船舶调度工作主要根据指定的停靠码头,按计划派出适当的拖轮,将船舶或驳船拖带到指定的泊位进行作业,作业完毕应及时将其拖离,以免妨碍其他船只进入作业。

(2) 运行船舶调度

运行船舶调度主要负责选定船舶航线,决定船舶到港、离港时间,掌握船舶运行动态等。运行船舶调度需与航行中的船舶保持通信联系。船舶一般在每日 6 时、12 时、18 时、24 时分四次向运行船舶调度报告船名、船位、航向、速度、风浪状况、预计何时到达下一港口等相关内容。

(四) 航空客运

1. 航空营运方式类别

按行程是否跨越本国国境为界限，将航空客运营运方式分为国内航线和国际航线。

国内航线：线路起讫地点均在本国国境以内。

国际航线：线路跨越本国国境，通达其他国家。

2. 航空运输生产体系

航空运输生产可以分为五个生产体系，各生产体系分别由民航系统的有关部门负责管理和协调。

(1) 机场保障

机场是航空运输生产的必备基地。机场保障为空中运输的地面准备和空中飞行提供跑道、灯光、特种车辆、旅客候机场所和相关服务设施，并提供安全检查和紧急救援服务。在国际机场，还设有边检、海关、检疫等派出机构，为国际航班旅客运输提供必要的服务。

(2) 机务维修

机务维修是保证空中飞行安全的重要环节。其主要任务是维护航空器正常运行，施行对航空器、发动机、通信导航和驾驶控制等机械与电子电气设备的检测与维修，使航空器保持适航状态。

(3) 航行业务管理

航行业务管理主要负责航行调度、通信导航、气象信息、航行情报以及空勤人员管理等工作，为航空运输提供一个完整的空中飞行保障体系。

(4) 油料供应

油料供应体系主要为航空运输飞行提供航空燃油。我国民航系统成立了航油专业公司，负责航空运输必需的航空燃油的供应与管理。

(5) 运输服务

民航运输各部门的工作，始终围绕"安全正点、优质高效"这一宗旨，为运输生产服务。运输服务部门负责制订运输生产计划、组织客货运输、提供运输＆行、保证服务质量、开拓运输市场，以达到最佳经济效益。

3. 生产计划编制

航空运输生产计划，是贯彻实施企业发展目标和企业发展计划的具体生产部署，是制订企业其他计划的重要基础，包括航班计划、航线计划、飞行生产计划等。

(1) 计划编制准备工作

制订运输生产计划的准备工作包括：确立企业的阶段发展目标、生产任务和实施方针；评估企业发展的内部环境和外部环境；分析企业的生产形势，包括市场分析、营运分析、成本分析和收益分析；拟定符合企业发展的战略。

(2) 航班计划

航空运输有定期航班和不定期航班之分。定期航班飞行生产量一般占总量的九成之多。航班生产计划主要是针对定期航班制定。航空运输的计划部门根据企业的发展目标和市场要求，确定运输飞行航线、机型、航班班次、航班班期及航班时刻等，供生产部门安排和实施。

(3) 航线计划

航线计划是一项综合性计划，包括一系列生产的指标，如航空运输的生产量、生产能力、生产效益和生产质量等。不仅可以作为企业运输生产的指标，还可用于考核企业完成生产指标的情况。

(4) 飞行生产计划

飞行生产计划主要包括飞机利用计划、飞行需求计划、空勤人员飞行计划和飞机维修计划。制订计划时需要充分利用飞机潜力、最大限度发挥机队的作用，为企业创造更多的效益。

4. 运输生产过程

航空旅客运输生产的任务是实施航班计划，将旅客和行李从始发机场安全地运送到目的地机场。机场保障部门、机务维修部门、航务管理部门、油料供应部门以及运输服务部门应在运输现场指挥部门的统一组织协调下，分工合作，共同完成生产任务。航空旅客运输生产过程，可分为四个阶段：

（1）航班计划阶段

航空公司根据公司的发展目标、航线计划、运力、人力资源以及资金等情况，在市场调查的基础上，进行航班安排，具体确定飞行班次、航班频率和经停机场，并制定航班时刻表。

（2）市场销售阶段

根据航班计划，航空公司市场销售部门以及销售代表，在公布的订座期限内，进行航班座位销售。

（3）旅客乘机阶段

航空公司根据航班时刻表，为旅客安排登机准备，接受旅客的行李交运。同时，机场有关部门对旅客和行李进行安全检查，提供候机服务和查询服务。

（4）运输飞行阶段

运输飞行通常由五个阶段构成：运输飞行预先准备阶段、运输飞行直接准备阶段、运输飞行实施阶段、运输飞行总结讲评阶段、旅客离港阶段。在飞机安全抵达目的地机场后，运输服务部门安排旅客下机，卸运行李；航空公司为旅客提供查询和领取行李服务。

（五）旅客联程运输

1. 旅客联程运输概念

旅客联程运输（简称旅客联运）是指通过两种或两种以上交通运输方式完成的旅客连续运输，其典型特征为由单一旅客联运承运人或代理人为旅客及其行李全程负责，并全程使用一张客票。旅客联程运输服务对象除旅客自身外也包括旅客的行李，根据其运输形式可分为直挂行李、托运行李和非托运行李。直挂行李是指在联运过程中，对于使用联程客票的境外始发或国内始发的旅客，在中转机场无须再办理下一站登机牌，也无须办理行李提取和托运手续，直接托运到最终目的地的行李。托运行李是指由联运旅客承运人负责转运的行李。非托运行李是指除旅客托运行李以外的由旅客自行携带的行李。

旅客联运承运人是指根据运输合同，完成旅客及其行李联运过程，并对其全程负责的运输企业、当事人。旅客联运代理人是指由承运人授权代办联运旅客客源组织、联运客票发售、联运客票检查、联运发车、联运运费结算等业务的自然人或代理机构。

2. 旅客联程运输组织模式

旅客联程运输主要包括空铁联运、空巴联运、空海联运、公铁联运和第三方联运五种组织模式。

（1）空铁联运

空铁联运是指将高速铁路运输与民航运输有效衔接，形成空铁一体化的运输链条，为旅客提供高效便捷的联运服务。空铁联运客票服务类型包括虚拟航班、空铁套票和系统对接三种，其中第二种模式较为普遍。空铁联运更加吸引看重时间成本的航空和高铁旅客，未来将成为先进高端联运服务的试验田，其商业附加价值也较为可观。

（2）空巴联运

空巴联运按照运营主体不同可分为两种：机场主导型和航空公司/道路客运企业主导型。

机场主导型是指机场运营的机场大巴或空港快线承运旅客。航空公司/道路客运主导型是指由航空公司与道路客运企业合作开行班线承运旅客。机场主导型空巴联运在我国枢纽机场较为普遍，机场在市域或邻近地市建设城市候机楼并开通机场巴士，将值机、行李托运等服务延伸、前移，扩大辐射范围和旅客集输能力。

（3）空海联运

空海联运服务对自然和服务设施条件要求较高，需要滨海滨河的大型机场来主导，客运码头和船舶公司配合，且有行李封闭运输装备技术、完善的通关流程和足够的客流作为支撑。

（4）公铁联运

公铁联运是我国服务范围最广、服务人数最多的一种旅客联程运输方式。我国高速铁路的迅猛发展给公路客运行业带来了较大冲击，而发展公铁联运将成为公路客运行业转型升级的方向和重要抓手。与机场城市候机楼相似，有部分高铁站为了集疏运周边未通高铁县市的旅客，支持将当地公路客运站扩建为高铁无轨站，提供公路、铁路客票一站式销售服务，并开通直达高铁站的道路客运班线。

（5）第三方联运

第三方服务主体提供的旅客联程运输服务主要包括一站式的票务服务、一体化的出行信息服务，以及酒店预订、旅游门票销售等运输周边服务。

第三方服务主体具有服务内容差异化、服务资源集中化、服务体验便捷化等特征，以及技术渠道和资源整合能力强、市场运营和产品设计能力强、善于发现和挖掘用户的需求等优势，可以弥补传统服务主体服务内容的盲点，是旅客联运

第三节　交通运输安全

一、交通运输安全概述

（一）交通运输安全定义

交通运输安全是指在交通运输系统运行周期内，应用安全基本理论、评价方法、安全管理及防治技术，识别交通运输系统中的危险性并排除危险，或使危险减至最小，从而使交通运输系统在营运效率、使用期限和投资费用的约束条件下达到最佳安全状态；在一定的功能、时间和费用的约束条件下，人员和装备遭受的伤害和损失最少。

交通运输安全需要保证在规划、研究、设计、建设、试运营和使用等各个阶段，正确实施系统安全管理和安全防治，满足在能实现安全目标的前提下，交通运输系统的结构尽可能简单、可靠；配合系统运营的操作指令数目最少；任何一个部分出现故障，保证不会导致整个交通运输系统运行中止或人员伤亡；备有显示事故来源的检测装置或报警装置和安全可靠的同动保护装置并制定有效的应急措施。

（二）交通运输安全特征

交通运输安全具有系统性、相对性、间接效益性、长期性和艰巨性等安全的普遍性，主要表现在以下几个方面：

1. 系统性

交通运输安全的系统性涉及技术系统的各个方面，包括人员、设备、环境等因素，而这些因素又涉及经济、政治、科技、教育和管理等许多方面。安全既受系统内部因素的制约，也受到系统外部环境的干扰；而安全的恶化状态，即事故，不仅可能造成系统内部的损害，而且可能造成系统外部环境的损害。

2. 相对性

交通运输安全的相对性表现在三个方面：一是绝对安全的状态是不存在的，系统的安全是相对于危险而言的；二是安全标准是相对于人的认识和社会经济的承受能力而言，抛开社会环境讨论安全是不现实的；三是人的认识是无限发展的，对安全机理和运行机制的认识也在不断深化，即安全对于人的认识而言具有相对性。

3. 间接效益性

交通运输安全的间接效益性是指在人员、设备、环境和管理方面有相适应的安全投入，但是安全投入所生产的经济和社会效益是间接的、无形的，难以定量计算。安全的效益除了减少交通事故的直接和间接经济损失外，更重要的是提高人员素质、改进设备性能、改善环境质量和加强生产管理等方面所创造的积极的经济和社会效益。

4. 长期性

交通运输安全的长期性是指人们对安全的认识在时间上往往是滞后的，不可能预先完全认识到系统存在和面临的各种危险，即使认识到了，有时也会由于受到技术条件等限制而无法控制。随着技术进步和社会发展，旧的安全问题解决了，新的安全问题又会产生，所以交通运输安全工作是一个长期的工作。

5. 艰巨性

交通运输安全的艰巨性体现在高技术总是伴随着高风险，随着现代科学技术的发展，各种技术系统的复杂程度都增加了，相比于传统的交通运输系统，现代交通运输系统在规模、速度、设备和管理上都发生了极大的飞跃，同时发生事故的影响、伤亡、损失和补救困难程度也都远超过传统交通运输方式。事故是一种小概率的随机偶发事件，仅利用已有的事故资料不足以及时、深入地对系统危险性进行分析。因此，认识事故机理，不断揭示系统安全的各种隐患是一项艰巨的任务。

6. 复杂性

交通运输安全受外部环境的影响大，交通运输生产是在一个开放的环境中进行的，其过程有较大的空间位移和时间延续，雨、雾、风、雪等各种自然灾害对交通运输安全均会产生不利的影响；社会治安、风气和政治经济状况等社会环境也会对交通运输安全产生影响，难以控制和预测，交通运输安全的综合治理涉及面广、难度大。

（三）交通事故分类分级

1. 交通事故分类

为了分析和掌握交通事故的基本特征和一般规律，从而采取针对性强的交通事故预防措施，需要根据交通事故的具体形态对交通事故进行分类。由于交通是载运工具的空间位移，载运工具是运动的物体，因此载运工具与载运工具之间发生的碰撞是最典型、最主要的交通事故。载运工具可能因为人、机、货等起火爆炸，虽然这与载运工具的运动无关，但因为发生在载运工具上，所以载运工具发生火灾/爆炸也属于交通事故。道路交通运输、轨道交通运输、水路运输和航空运输的载运工具、交通空间、交通运行方式各不相同，其交通事故分类也有所区别。

2. 交通事故分级

为了便于交通事故的调查处理和统计，关注和突出交通事故的重点和关键，还需要根据交通事故的具体危害结果对交通事故进行分级。具体危害结果是指交通事故造成的人员伤亡、财产损害（包括对载运工具自身和所载货物的损害)、其他直接经济损失、交通事故的性质、对交通秩序和大众心理所造成的不良影响等。由于道路交通运输、轨道交通运输、水路运输和航空运输在载运工具的经济价值、事故危害形式、事故损失程度上有明显区别,其交通事故的分级方式也有所不同。交通事故分类分级是由交通安全法规、政府文件、国家和行业技术标准确定的,并根据实际交通状况的发展变化适时加以修订。

二、交通运输安全分析与评价

(一) 交通运输安全影响因素

交通运输系统是一个非常复杂的宏大系统,它是由系统硬件(交通运输基础设施和交通运输安全技术设备)、系统工作人员(交通运输系统内的各级管理人员和基层作业人员)、组织机构(管理机构、运行机构、维修机构等)以及社会经济因素(政治、经济、文化、法律等)相互作用而构成的设备-技术系统。交通运输安全影响因素错综复杂,从系统论的观点出发,与交通运输安全有关的因素可以划分为四类:人、设备、环境、管理。

1. 人员因素

交通运输安全与许多活动有关,各项活动又依赖于高效、安全和可靠的人的行为。在交通运输工作的每个环节、每项作业中,都是由人来参与并处于主导地位的,人操纵、控制、监督各项设备,完成各项作业,与环境进行信息交流,与其他作业协调一致。由于人在运输工作中的重要地位,因此人员因素在交通运输安全中起着关键性作用。随着自动化程度的不断提高,表面上看起来似乎系统对人的依赖程度减少了,但在系统设计、生产和使用阶段,因为人员错误地执行规定任务,使得系统的可靠性受到影响。人为差错或失控产生的因素是多方面的,如操作者负担过重、疲劳以及人的综合素质等。

人对交通运输安全的特殊作用可以归纳为下述三点:一是人的主导性,在任何设备的有机结合体中,人是主导方面,设备必须由人来设计、制造、使用和维护,即使技术状态良好的安全设备,也只有通过人的正确使用才能发挥它的安保作用;二是人的主观能动性,当情况突然变化时,人能立即采取相应的措施和灵活的方法,排除故障等不安全的因素,使系统恢复正常运转,只有人才才具有主观能动性,从而具有合理处理意外情况的能力;三是人的创造性,人能够通过研究和学习,不断地提高和改进现有系统的安全水平。

2. 设备因素

交通运输设备是除人之外影响交通运输安全的另一个重要因素,质量良好的设备既是运输生产的物质基础,又是交通运输安全的重要保证。与交通运输安全有关的设备类型主要包括运输基础设备和交通运输安全技术设备。

(1) 运输基础设备

①固定设备。线路(路基路面、桥隧建筑物、轨道、航道)、场站(车站、航空站、码头)、信号设备(交通信号、连锁设备、闭塞设备)等。

②移动设备。机车、车辆(客车、货车)、飞机、船舶、通信设备(各种业务电话、电报)、信号设备。

(2) 交通运输安全技术设备

①安全监控设备。对运输员工操作正确性进行监督,防止在实际运输作业过程中由于人的精力和体力出现不适应而造成的行车事故,如列车自动停车、列车无线调度电话、打瞌睡或注意力不集中驾驶的报警系统、空中交通警戒与防撞系统等。

②安全监测设备。对各种交通运输基础设施的技术状态进行检测,如轴温探测装置、车辆检测与报警装置、车距报警系统等。

③自然灾害预报与防治设备。如塌方落石报警装置、地震报警系统、台风监控系统等。

④事故救援设备。如消防、抢修、排障等设备。;

⑤其他安全设备。如道口栏木、安全管理设备等。

3. 环境因素

影响交通运输安全的环境条件包括内部小环境和外部大环境两个部分。内部小环境是对微观的人－机－环境系统而言的,内部环境通常是指作业环境，即作业场所人为形成的环境条件，包括周围的空间和一切生产设施所构成的人工环境。影响交通运输安全的内部环境绝非仅是作业环境，它还包括通过管理所营造的运输系统内部的社会环境，即运输系统外部社会环境因素在运输系统内的反映，它涉及面很广，包括运输系统内部的政治、经济、文化、法律等环境。

外部大环境包括自然环境和社会环境。自然环境是指自然界提供的、人类难以改变的生产环境，由于运输线路暴露在大自然中，经常遭受洪水、雷雨、风沙、泥石流、台风、地震等自然灾害的威胁。此外，气候因素（风、雨、雷、电、雾、雪、冰等）、季节因素（春、夏、秋、冬）、时间因素（白天、黑夜）以及运输线路沿线的地形地貌等也是不容忽视的事故致因。社会环境包括社会的政治环境、经济环境、技术环境、管理环境、法律环境以及社会风气、家庭环境等，对交通运输安全均有不同程度的影响，较为直接的是运输线路沿线治安和场站秩序状况。

4. 管理因素

交通运输安全管理是指管理者按照安全生产的客观规律，对运输系统的人、财、物、信息等资源进行计划、组织、指挥、协调和控制，以达到减少或避免交通运输事故的目的，有效地减少运输事故以及事故所引起的人和物的损失。交通运输安全管理主体是运输系统的各级管理人员；管理对象是人（基层作业人员）、财（安全技术措施经费等）、物（运输基础设备和交通运输安全技术设备等）、信息（安全信息）等；管理方法是计划、组织、指挥、协调和控制；本质是充分发挥人的积极性和创造性，调动一切积极因素，促使各种矛盾向有利于交通运输安全的方面转化。

（二）交通运输安全统计

交通运输安全统计是针对某一类交通事故的总体而进行的调查研究活动，目的是查明交通事故总体的分布情况、发展动向以及各种影响因素对交通事故的总体的作用和相互关系，以便从宏观上把握一个单位或一个地区的交通运输安全情况，定量地认识交通运输安全的本质和内在的规律。交通运输安全统计必须是从总体入手，而且需要有明确的数量概念。主要的研究内容包括：

与交通运输事故有关的基础数据统计，如某地区的人口数量、载运工具保有量、道路（或轨道、航道、航线）密度、交通流量、交通事故数、死亡人数、受伤人数、直接经济损失等。时间序列事故分布规律，如按照年、月、日、时进行的各种事故统计。空间序列事故分布规律，如按照全国、省、市、县、地区，以及按照不同交通运输方式（道路、轨道、水运、航空）、路段（交叉口、区间、车站内、道口、港口、水域）等所进行各种事故统计。与事故有关的交通环境统计，如线路的几何尺寸和线形、交通量、气候条件、事故发生次数的统计分析。事故原因统计，从自然灾害、载运工具、基础设施、人为因素以及管理因素等方面对导致某类交通事故发生的原因分布进行的统计分析。与事故有关的交通参与者的心理、生理特征规律的研究，如性别、年龄、驾龄、饮酒和疲劳等。与人的伤害有关的各种统计分析，如受伤部位、类型等。与事故类型、等级分布有关的统计以及交通事故中的避让行为与碰撞规律。

1. 交通事故时间分布

交通事故时间分布是指交通事故随时间而变化的统计特征。交通事故与交通互动及交通环境都有密切的联系，其具有随时间而变化的特征，宏观统计分析可以揭示其内在变化规律。

交通事故时间分布统计的时间单位可以根据需要确定，按照年份统计，可以了解连续若干年来交通事故发生的趋势、不同年份事故高峰和低谷的信息，并可以进一步研究引起变化的原因，为以后的安全管理提供依据；按月份统计，可以分析一年中的事故整体分布情况，也可以分析某一类事故的月份分布。同样，可以按季度、周进行统计分析，甚至可以对事故发生的具体时间进行统计，进而分析不同时间对交通参与者行为的影响。

2. 交通事故空间分布

由于交通环境、交通组成和交通分布不同，交通事故在空间上呈现不同的分布特征。实际应用中，不同领域的交通安全管理者对交通事故空间分布也有着不同的理解。道路交通事故的空间分布是指道路交通在城市、农村、各种类型道路上以及具体路段、交叉口的分布情况；轨道交通事故的空间分布是指事故在轨道道口、车站内、区间、隧道口、铁路桥、列车交会处等位置的分布情况；水路交通事故的空间分布是指水路交通事故在港口水域、沿海水域、分道通航制水域等各类型的水域或者航段上的分布情况。交通事故空间分布统计中的具体划分角度可以根据研究目的以及所研究的对象来确定。

3. 交通事故形态分布

交通事故形态可以结合时间分布和关联分布进行分析，时间分布是指各种事故形态随时间序列变化的分布情况，关联分布是指事故形态与其他关联因素组合后的各种事故形态随时间序列变化的分布情况，具有代表性意义的关联分布类型包括四种：一是不同时间的事故形态分布，包括不同月份、星期、小时等情况下的事故形态的分布及变化情况；二是不同空间的事故形态分布，包括不同等级公路、城市道路、铁路或城市轨道线路、航道上的事故形态分布及其变化情况，以及同一等级公路、城市道路、铁路或城市轨道线路、航道上不同路段、交叉口、道口、区间、水域上的事故形态的分布及变化情况；三是不同类型的事故形态分布，包括死亡事故、受伤事故和财产损失事故三种不同类型的事故形态分布及其变化情况；四是不同天气条件下的事故形态分布，包括晴、阴、雨、雪、雾等天气下的事故形态分布及其变化情况。

（三）交通运输安全分析

交通运输安全分析运用系统工程的原理和方法，对交通运输系统中存在的危险因素进行深入、仔细的分析，并根据实际需要对其进行定性、定量描述，估计事故发生的概率和可能产生伤害及损失的严重程度。通过分析查明系统中的危险因素，采取相应措施控制危险，保证交通运输系统安全运行。交通运输安全分析是交通运输安全的核心内容，是交通运输安全评价的基础。

1. 交通运输安全分析方法分类

安全分析方法是根据对危险性的分析、预测以及特定的评价需要而研究开发的，因此它们具有各自的特点和一定的适用范围，使用时应尽量了解系统，并选用合适的、具有特色的方法。目前比较常用的安全分析方法主要有以下几种：

（1）统计图表分析

一种定量分析方法，适用于对系统发生事故情况进行统计分析，便于找出事故发生规律。

（2）因果分析图

将引发事故的重要因素分层（枝）加以分析，分层（枝）的多少取决于安全分析的广度和深度的要求，分析结果可供编制安全检查表和事故树用；该方法简单、用途广泛，但难以揭示各因素之间的组合关系。

（3）安全检查表

按照一定方式（检查表）检查设计、系统和工艺的过程，查出危险性所在，方法简单、用途广泛，并没有任何限制。

（4）预先危险性分析

确定系统的危险性，尽量防止采用不安全的技术路线，危险性的物质、工艺和设备；其特点是把分析工作做在行动之前，避免由于考虑不周而造成的损失。

（5）事件树分析

由不希望事件（顶事件）开始，找出引起顶事件的各种失效事件及组合，最适用于找出各种失效事件之间的关系，即寻找系统失效的可能方式。该方法可包含人、环境和部件之间的相互作用等因素，加上简明、形象化特点，已成为广泛适用的安全分析方法。

（6）事故树分析

由初始（希望或不希望）事件出发，按照逻辑推理推论其发展过程及结果，即由此引起的不同事件链；该方法广泛用于各种系统，能够分析出各种事件发展的可能结果，是一种动态的分析方法。

2. 交通运输安全分析方法选择

在进行交通运输安全分析方法选择时应根据实际情况，并考虑以下几个问题：

（1）分析目的

交通运输安全分析方法的选择应该能够满足对分析的要求，最终目的是辨识危险源，而在实际工作中要达到一些具体的目的，例如：对系统中所有危险源，查明并列出清单；掌握危险源可能导致的事故，列出潜在事故隐患清单；列出降低危险性的措施和需要深入研究部位的清单；将所有危险源按危险大小排序；为定量的危险性评价提供数据。

（2）资料影响

相关资料收集的数量、详细程度、内容的新旧等，都会对选择系统安全分析方法有着至关重要的影响。一般来说，资料的获取与被分析的系统所处的阶段有直接关系，例如：在方案设计阶段，采用危险性和可操作性研究或故障类型和影响分析的方法就难以获取详细的资料。随着系统的发展，可获得的资料越来越多、越来越详细。为了能正确分析，应该收集最新的、高质量的资料。

（3）系统特点

要针对被分析的系统特点选择交通运输安全分析方法。对于复杂和规模大的系统，由于需要的工作量大、时间较多，因此应先采用较简洁的方法进行筛选，然后根据系统的详细程度选择相应的分析方法。对于不同类型的操作过程，若事故发生是由单一故障（或失误）引起的，则可以选择危险性与可操作性研究；若事故的发生是由许多危险因素共同引起的，则可以选择事件树分析、事故树分析等方法。

（4）系统危险性

当系统的危险性较高时，通常采用系统、严格、预测性的方法，如故障类型和影响分析、事件树分析、故障树分析等方法；当危险性较低时，一般采用经验的、较粗略的分析方法，如安全检查表等。

（四）交通运输安全评价

1. 交通运输安全评价概念

交通运输安全评价亦称为交通运输风险评价，是指对一个具有特定功能的工作系统中，固有的或潜在的危险及其严重程度进行的分析与评估，并以既定指数、等级或概率值做出定量的表示，根据定量值的大小决定采取预防或防护对策，以寻求最低的事故率、最少的损失和最优的安全投资效益。为了保证交通运输工程项目（如道路、轨道、桥梁、隧道、港口、航道、机场、长输油气管道等）的安全运行和安全使用，必须进行安全评价。

安全评价按进行的阶段可以分为事前评价（前馈评价）、过程评价（现状评价）、事后评价（后馈评价）、跟踪评价等类型；按指标（目标）量化的程度可分为定性评价与定量评价；按项目目的和用途可以分为安全预评价、安全验收评价、专项安全评价和安全现状综合评价。

（1）安全预评价

根据建设项目可行性研究报告的内容，分析和预测该建设项目存在的危险、有害因素的种类和程度，提出合理可行的安全技术设计和安全管理建议。

（2）安全验收评价

在建设项目竣工生产运营正常后，对建设项目的设施、设备、装置实际运行状况进行检测、考察，查找该建设项目投产后可能存在的危险、有害因素，提出合理可靠的安全技术调整方案和安全管理对策。

（3）专项安全评价

针对某一项活动或场所，以及一个特定的行业、产品、生产方式、生产工艺或生产装置等存在的危险、有害因素进行的专项安全评价。

（4）安全现状综合评价

针对某一个生产经营单位总体或局部的生产经营活动现状进行的全面评价。

2. 交通运输安全评价原则

事故的发生虽然具有偶然性和突发性，但除了人力不可抗拒的自然灾害外，所有的生产事故都是可以预测、预防和控制的。"预防为主"是现代安全管理的基本原则，安全评价的最终目的就是清除事故隐患，预防事故发生。安全评价的基本原则包括：

(1) 科学性原则

系统安全评价方法要能够反映客观实际,辨识出系统中存在的所有危险,评价的结论要与实际情况相符。

(2) 系统性原则

危险性存在于生产活动的各个方面,只有对系统进行详细解剖,研究系统与子系统之间的相互关系,才能合理地识别评价对象的危险程度。

(3) 综合性原则

系统安全分析和评价的对象差别很大,涉及企业的人员、设备、物料、法规等各个方面,不可能用单一的方法就完成任务。因此,在评价时,一般需要采用多种评价方法,取长补短。

(4) 适用性原则

系统分析和评价方法要适合具体情况,即具有可操作性,方法简单,结论明确,效果显著。设定的不确定因素过多、计算过于复杂、艰深而难以理解的方法是不可取的。

3. 交通运输安全评价方法与内容

目前采用的交通运输安全评价方法主要有:安全检查表、预先危险性分析、危险指数法、故障假设分析、故障假设/检查表分析、危险度评价、危险和可操作性研究、故障类型和影响分析、原因—后果分析、风险矩阵、概率危险评价体系、人员可靠性分析、作业条件危险性分析等。

各种方法都具有特点并适用于特定场合,新的安全评价方法有模糊概率法、决策支持系统、人工神经网络技术等。现代安全评价方法主要内容包括危险识别、危险定量、定量化的危险与基准值比较、提出控制危险的措施。危险识别是分析研究对象存在的各种危险;危险定量则是研究确定这些危险发生频率及可能造成后果;一般将定量化的危险称之为风险,与基准值比较是将这些风险与预定风险值相比较,判断是否可以接受;控制危险措施是根据风险能否接受而提出的降低、排除、转移风险的对策。

4. 交通运输安全评价一般程序

交通运输安全评价一般程序主要包括以下四个步骤:

(1) 准备阶段

明确被评价对象和范围，收集国内外相关法律法规、技术标准及列车程、系统技术资料，了解同类设备、设施或工艺的生产和事故情况，评价对象的地理、气候条件及社会环境状况。

(2) 危险危害因素识别与分析

根据被评价的工程、系统情况，识别和分析危险与有害因素，确定危险与有害因素存在部位、存在方式、事故发生原因和机制。

(3) 选择评价方法进行评价

在危险、有害因素识别和分析的基础上，划分评价单元，选择合理的评价方法，对工程、系统发生事故的可能性和严重性进行定性、定量评价。

(4) 提出降低或控制风险的对策措施

根据评价和分析结果，高于标准值的风险要采取工程技术或组织管理措施，降低或控制风险；低于标准值的风险属于可接受或允许的风险，应建立检测系统，防止生产条件变化导致风险值增加，对不可排除的风险要采取防范措施。

第二章 交通运输经济学

第一节 交通运输经济影响

一、运输业的经济特征

运输业与一般的工业部门相比较具有明显的特征,主要表现在以下几个方面:

(一)运输业生产是无形产品,不能储存也不能转移

运输生产过程的效用,在于在安全、无损条件下改变旅客或待运产品的空间位置。由这一特征所决定,在运输过程中对质量要求显得异常重要和突出,在客货运输中,必须贯彻"安全第一、质量第一"的方针,确保旅客的人身安全和货物、行包的完好无损。

由于运输劳动是空间位置的变化,所以运输过程基本是在自然条件中进行,受自然环境影响很大,其设备、场所、人员流动分散,点多面广,经营管理不同于其他工农业生产部门。

(二)运输生产具有时间和空间上的不可替代性

该特点决定了运输生产只能在生产过程中被消费,运输生产越多,消费就越多。一个地区一段时期内多余的运力,不能补充另一地区在某段时期内运输能力的不足。如果运输需求不足,则运输供给就应相应减少,否则就会造成严重的浪费。所以,科学的综合运输规划是指导运输生产的重要依据,为此必须加强运输的科学预测和运量调查。

（三）运输是国民经济的基础结构，是扩大再生产的最重要条件之一

某种运输方式一旦建成，就会产生交通（运输）效应。交通（运输）效应是指交通行为作用于社会和国民经济各部门所产生的社会经济变化。它包括物质传输效应、集聚诱发效应、时空效应、经济连锁循环效应和社会（国家）管理效应。即引起国民经济各部门生产要素的集聚，从而形成社会生产力；诱发潜在生产能力的发挥，扩大社会再生产；实现国民经济各部门的商品生产和交换，完成其再生产过程；缩小地域空间，相对延长工作和休息时间；增加社会再就业，产生生产和消费的经济连锁循环递增现象；实现社会（国家）的行政管理和巩固国防；促进信息传递、文化交流和人员往来等，从而为整个社会经济的发展奠定了基础。

商品经济越发达，生产对流通的依赖性越大，铁路等运输行业的作用也越突出，应优先超前发展。而在国家工业化初级阶段，单位产值要求的运输量大、大宗、长距离的原料，燃料和半成品运输构成了货运的主体，此时期铁路的较大发展不可避免。

对于生产领域的农业来讲，在农业的产外作业中，运输量占一半以上；对林业采伐作业来讲，80％以上是运输作业；对采掘业来讲，基本靠运输作业，因为该行业的本质是运输业；对加工工业来讲，只有依靠运输才能进行生产、输入原材料、输出制成品。对流通领域的国内和国际贸易来讲，更是依靠运输，我国商品流通费中1/3是运输费用，经济发达国家商品流通费中运输费用一般在1/2以上。上述事实证明，国民经济各部门间和部门内部的空间与时间联系，完全依存于运输业的功能才能实现。所以，运输业在国民经济中的地位犹如农业在社会和国民经济中的地位一样是国民经济的主要基础之一。

国民经济的比例关系，比较传统的内容是：积累和消费的比例，农业、轻工业和重工业的比例等，而很少研究和确认交通运输与社会经济发展的比例关系。一个合理的产业结构或社会生产结构，应当在多大规模上，用多少资源去实现人和物的空间位移，应当是我们社会生产结构研究的主要内容之一，如果忽视这种研究，必然导致交通运输与国民经济的比例失调，必然制

约我国国民经济发展的规模和速度,现在社会生产实践向我们提出:交通运输与社会经济发展的比例关系,应当是社会生产结构的基本比例关系之一。

(四)运输生产既创造价值,也创造使用价值

在理论上,对于运输业不仅要强调它的物质生产属性,还应重视它的服务属性及国防功能。运输产品的非实体性和非储备性,运输业为社会提供的不是新的物质产品,而是在物质商品的使用价值上并不留下任何可见的痕迹的"效用";这种效用既可供个人消费,又可以将其追加价值转移到商品本身中去,促使物质使用价值的形成以及新环境中使用价值的实现。

二、交通运输业在国民经济中的地位与作用

(一)运输业的一般意义与影响

运输业负责完成社会经济生活中人与货物的空间位移,它具有多方面的意义和影响。

首先,空间位移量的增加与人类自身完善和成熟,与经济水平及生活质量的提高过程是一致的。交通运输的发展促进了不同地区之间人员和物质的流动,这有助于促进在语言、观念、习俗等方面差异很大的各地民族打破各自的隔绝状态,进行文化意识的交流,从而鼓励在饮食、卫生、教育、艺术、科技和一般生活方式上的互相交融,推进社会进步。

在政治方面,良好的交通运输条件使广阔地理区域上的政治统一成为可能〉历史学家认为,是尼罗河的航运使古埃及在很多世纪以前就已经达到高度的文明;古罗马的建立则应归功于它早期形成的公路系统。

人类始终在不遗余力地扩大、提高和完善在空间位移方面的本领,人与货物空间位移的水平一向反映着人类克服自然阻力的能力。交通运输有力地推动了技术进步,在不断提高人与物位移能力的斗争中,运输进一步联系和代表着未来的各种新技术、新能源、新材料。有人总结说,历史上任何具有革命性的现代运输技术,都是依靠世界上最强大的经济力量支持才出现的。例如,实现星际间人与物位移的航天技术也已经成为各国发展高技术的重点……现代科技的大量成果都被很快地应用到交通运输领域,人类文明的成果

一次又一次体现在交通运输上。

运输还是国防和战争的重要因素。无论是古代还是现代,运送部队和装备的能力都是决定战争胜负的基本条件之一。在今天的国际条件下,这种能力更是与各国的工业、经济和国防力量结合在一起,在国际对抗中起着越来越重要的作用。

(二) 交通运输业在国民经济中的地位

运输业在国民经济中处于十分重要的地位,主要表现为以下几个方面。

1. 运输是再生产过程中的必要条件和社会生产力的组成部分

生产领域中的生产性运输活动,是生产过程的重要组成部分。物质生产领域中的生产性运输活动,例如,工厂内通过汽车、专用铁路及其他运输设备,使生产过程中的原材料、半成品和在制品的位置移动就是生产得以进行的重要条件和环节。至于某些生产部门如煤炭、石油等部门,其生产活动在很大程度上就是运输活动。如果没有这些运输活动,工农业生产活动就无法进行。

产品被生产出来后,必须通过运输经过分配、交换,才能到达消费领域。从生产领域到消费领域,是产品生产过程在流通领域中的继续和延长,如果没有运输这个中间环节,产品的使用价值就难以实现,社会的再生产就不可能进行,人民生活的需要也就难以满足。生产往往以运输业的运输活动为起点,又常以运输为纽带,联结各个领域和环节,这就说明没有运输就不可能有物质资料的生产,所以运输促进了社会生产力的发展。

我国多年的经济建设的实践也充分证明,发展交通运输是发展国民经济的基础和先决条件。

2. 运输保证了社会产品的提供并创造了国民收入

运输虽不能创造新物质产品,不增加社会产品的总量,但却是社会产品生产过程中所必需的生产劳动。属于生产过程的运输,运输工人、运输设备直接参与物质产品的创造过程;属于流通过程的运输,则是一个必要的追加的生产过程。一方面,产品经过运输虽然其使用价值没有发生任何变化,但由于运输过程中消耗的生产资料价值及运输职工新创造的价值追加到产品的价值中去，使产品的价值量增加了；另一方面，如果没有运输，产品的使用价值就难以实现。因此，运输保证了社会产品的提供并参与了国民收入的创造。

3. 运输确保了社会正常的生活和工作秩序

运输活动是社会赖以存在和发展的必要条件之一，特别是随着现代化社会经济的发展，如果没有相应发展的运输业，社会生产活动就无法进行，人们的正常工作和生活也会受到严重的影响。现代社会的四个流动（即人流、物流、资金流和信息流）是社会运转所必需的，其中人流、物流直接由运输业完成。

4. 运输占用、耗费了大量的社会资源

运输业不但占用了大量的社会劳动力，而且消耗了大量的社会资源，运输费用在生产费用中占有很大比重。例如，我国火力发电工业的发屯成本中，燃料的运输费用约占 1/3 以上。在商品流通费用中，比重最大的也是运输费用。在全国基本建设投资方面，运输业的固定资产投资占全社会固定资产投资比重逐年呈现上升的趋势。运输业的发展，有赖于国民经济其他部门的发展，反过来又促进其他部门的发展。

运输业在国民经济中的作用，主要表现为以下几个方面。

（1）促进工农业生产和整个国民经济的健康发展

运输业作为社会生产的必要条件，是保证国民经济建设正常进行的重要环节。在某种情况下，没有运输就不能进行生产活动。例如，煤炭开采出来以后，如果没有运输工具送入消费地区，煤炭本身的使用价值就不能实现。尤其是随着现代化大生产的发展，生产专业化与协作的加强，各地区之间的经济联系更加广泛和密切，这就更需要按时将原料、燃料和半成品运往工厂，将化肥、农药等运送到农村，把成品及时送入消费地，以保证整个国民经济正常运转。

对于工农业生产部门来说，运输速度加快，运输效率提高，运输质量越好，运输成本越低，就越能缩短商品在途时间，加快流动资金周转，降低商品流通费用，从而促进经济的发展。

此外，运输有助于新资源的开发和落后地区的经济的开发，并能扩大原料供应范围和销售市场，最终促进社会生产力的发展。例如，新中国成立以来，随着我国西部地区一些铁路和公路干线的兴建，出现了不少新的工业基地和城市，西南和西北地区的工业总产值也有了大幅度的提高。

（2）推动了生产力的合理布局，有利于提高全社会的经济效益

国家和地区的工业布局，首先要考虑原材料运进和产品运出方面所具备的交通条件。采掘工业和加工工业的布局安排是否合理，同样也要分析交通条件如何，没有现代化的运输或运力不足，新的大型资源的经济开发是不可能的。因此，运输在一定程度上能够促进生产力的合理布局。例如，兴建一个工厂、矿山，开发一处农场、牧场，修建电站、学校，设置商业购销网络，都必须考虑到交通运输的条件。上海市一百多年前不过是一个小渔村，而且又无矿产资源，但自从沿黄浦江建立海港后，很快就发展成为我国工业、商业最为繁荣的第一大城市。

（3）沟通了国家、政治、经济及文化等方面的交流

现代的交通网络，可把全国及我国与世界各地联成一个有机的整体，沟通了各地的政治、经济、文化的交流往来，在满足人们旅游和物质文化生活方面，起到了重要的作用。

（4）增强了国家的国防实力

在战时，无论武器装备何等精良，但若不及时送到前线，就不可能发挥应有的作用。因此，运输线路的通车程度，特别是铁路和汽车运输能力的大小对国防力量的加强至关重要。运输业平时确保社会经济的发展，战时则可用于国防的需要，充分保障兵力的调集，武器、弹药和给养方面的后勤支持。历史证明，大力发展运输业的建设对于国防建设有着重要的作用。

第二节 交通运输市场与营销理论

一、运输市场的含义与特征

(一) 运输市场的含义

1. 运输市场的概念

运输市场产生于运输业形成之时,当运输劳务成为商品后,也即运输生产不是为了自身,而是为了交换,出现了专门从事客运和货运的运输者时,运输市场才有了产生的条件和基础。

运输市场一般有狭义和广义运输市场之分。狭义的运输市场指的是运输经营人提供运输设施和运输服务,来满足旅客或者货主对运输需要的活动场所,从形态上可以是感觉得到、看得见、摸得着的场所。

狭义的运输市场重视供求关系的研究和分析,以及交易的规律、交易的实现和交易的保障、交易利益的分析。

广义的运输市场指的是运输产品交换的全过程,以及对运输各要素所进行的协调和调节供求关系、配置运输资源的功能,运输各方竞争活动,运输产品价格的生成和运输企业收益的控制,政府对运输活动的管制和干预等一系列活动过程,是有关运输产品和资源交换关系的总和。包括了运输生产者、运输需求者和运输产品交换各种中间人之间的关系,以及在运输产品交换中发挥作用的一切机构、部门与交换主体之间的关系,政府对运输的影响行为,运输的变化对社会经济的影响等传导机制和功能要素。

市场营销学意义上的运输市场,是以运输生产者或经营者即卖方的视角展开的。运输企业看到的市场是顾客对运输产品的所有实际和潜在的需求,是一个由各种不同成分构成的包含各种购买欲望的,有支付能力的消费者群。运输市场包括三个要素,即有运输需要的人、能满足这种需要的购买力和购买欲望。

以上对运输市场的表述并不存在矛盾,只是各自强调的角度不同而已。

2. 运输市场的基本要素

(1) 运输企业、货主和旅客

运输企业、货主和旅客是运输市场的主体。运输企业既包括运输经营企业和运输辅助企业，也包括各种运输方式的运输经营者、港口场站经营者。运输企业是运输市场的供给一方，在运输市场中提供运输服务。

货主和旅客是运输市场的需求一方，包括需要运输的各种经济组织、个人、政府、军队等。他们也是运输市场的主体。

(2) 运输产品

运输产品是运输对象所发生的空间移动效果，是运输需求方所希望发生的后果。运输产品是运输市场的客体，运输生产的目的。而作为被运输对象的物品和旅客是运输产品的载体。在运输过程中，运输对象不发生价值和性质的改变。

(3) 市场行为

市场行为是指运输的主体双方对运输产品交易的决策和行动过程。也可以说，是运输企业在运输生产中追求利益最大化和运输需求者为实现效用最大化所进行的信息搜寻、决策、交易磋商、承担义务和享受权利的过程。

(4) 市场秩序

市场秩序就是市场行为的规律性，也就是运输市场按照市场规律进行自我调节的能力。运输市场的活动要遵循市场经济的基本规律，通过供求关系的互动使各方都实现参与市场活动的目的。如果在市场中各主体的信息不完备，市场不能灵敏地反映价格，没有共同遵从的游戏规则时，就会出现市场失灵，造成市场秩序混乱。只有维持稳定的市场秩序才能保证市场功能的充分发挥，保证运输参与者的利益。

市场秩序由市场机制和市场规则组成。

①市场机制包括：供求机制；竞争机制；风险机制；价格机制；出入市场机制；

②市场规则包括：价值规律；法律制度；交易规则；政府调控。

3. 运输市场的分类

运输市场虽然说所提供的是相同的运输产品,但不同的运输方式在运输体系中具有不完全相同的市场参与者和运输对象,而对于运输市场的不同状态表现也具有不同的性质和规律。

按运输方式可分为:铁路运输市场;水路运输市场;公路运输市场;航空运输市场;装卸搬运市场。

按运输对象可分为:货运市场;客运市场。

按运输范围可分为:国际运输市场;国内运输市场;地区运输市场。

按供求关系可分为:卖方运输市场。是指运输供给一方占主导地位的运输市场。在这种市场中,运输供给不能满足运输需求,运输价格高涨。在这种市场中运输企业重视追求外延扩大再生产,强调运输数量,往往不重视质量管理、成本管理,忽视技术进步,处在运输卖方市场时运输往往成为限制社会经济发展的瓶颈。买方运输市场。是指在运输市场中运输需求方占主导地位的状态。在买方市场中,运输供大于求,运输竞争激烈,运输价格低廉。在这种市场中,运输方精打细算,以降低成本、提高运输效益为企业管理的核心,故更愿意接受新技术和新的管理方法。基于交通运输的基础设施性质,交通运输应该适当超前于经济发展,因而运输市场的买方市场是常态。但作为国民经济的基础产业,过低的价格也会使得运输业无法积累或维持困难,或者发生不正当竞争行为,也会影响经济发展,政府的适度保护颇为必要。均势市场。是运输市场上买卖双方力量对比相当,处于均衡的状态。这是一种比较完善和理想的市场状态,供需大体平衡,价格相对稳定,市场能得到健康的发展。

4. 运输市场的功能

(1) 信息传递的功能

信息的发布和传递是市场最基本的功能。市场信息的核心是价格信息,伴随价格信息还传递着诸如交易者信息、交易量信息、产品信息等;运输生产者在市场中发布运输产品和价格信息,市场中介机构在市场中传播信息,运输需求者在市场中搜寻信息和确定交易;或者以上相反的过程,由此构成运输市场信息的完整流动过程。

可以说，信息是市场的核心和灵魂，因信息的集中和传递形成了市场，信息是市场的各种功能的基础。因而无论有形的运输市场还是无形的运输市场，其核心功能都是信息的输入、传递以及信息被使用的过程。

（2）资源配置及优化功能

运输市场不仅进行着运输产品的交换，而且通过供给和需求的竞争产生市场价格。当市场所形成的价格为运输经营者带来巨大的收益时，将会使大量的社会资源流入运输行业，增加运输供给；反之则会使运输资源流出运输行业。同时市场的优胜劣汰机制会使存在于运输市场中的资源得以优化，强者愈强，占有资源越多。

（3）结构调整和产品开发功能

在市场竞争中的运输生产者，为了降低生产成本，获得更高的收益和竞争优势，致力于不断追求新技术的使用，不断扬长避短，发挥最佳的能力和优势，使得运输供给的能力不断增长。

整体运输市场价格的变化，影响到工农业产品运输和流通成本的变化，也使得社会产品的结构发生变化，有价格竞争力的产品就会在很短的时间内扩大市场的占有率，加快产品的推广，但也缩短了产品的生命周期。

（4）分配和监督功能

在市场中运输供给者向需求者提供运输产品或者服务，从而获得经济收入和报酬；运输需求者支付费用获得运输产品，满足生产和生活的需要，享受消费的效用或者获得其他市场中交换的资源，双方各取所需，重新分配社会资源。

通过市场中不断的信息交换，运输产品消费者不停的比较，使得满足市场需要的运输产品更加受到市场的欢迎，劣质产品被淘汰，实现市场的监督功能。

（二）运输市场的特征

由于运输产品生产过程、运输需求过程，以及运输产品的特殊性，运输市场除具有一般市场共性外，也具有区别于其他产品市场的特殊性。

1. 运输商品的生产、交换、消费的同步性

在其他的商品市场上，商品的生产、交换和消费都是相互独立存在的，商品的购买、出售和消费构成一个整体循环过程，并分为三个阶段。而运输市场则不同，其商品经营者同时也是商品生产者，其生产过程同时又是消费过程，这就形成了生产、交换和消费同步进行的特征。

2. 运输市场的非固定性

运输市场没有有形产品，也不像其他工农业产品市场那样有固定的场所和区域来出售商品，运输市场很难使运输交换过程在固定的场所完全实现。运输活动在开始提供时只是一种"承诺"，即以客票、货票或运输合同等作为契约保证，随着运输生产过程的开始进行，通过一定时间和空间的延伸，在运输生产过程结束时，才将客、货位移的实现所带来的运输劳务全部提供给运输需求者。整个市场交换行为并不局限于一时一地，而是具有较强的广泛性、连续性和区域性。如公路运输市场是由站点和线路在很大的范围内组成的，其生产和交换实质上是在线路上流动完成的。虽然公路客货运输过程中有起讫站点，并且在站点装卸货物和上下旅客，但这只是全部交换活动的一部分，而离开了线路，就不能实现运输劳务交换，所以公路运输市场具有显著的非固定性。同样，铁路运输市场、水运市场及航空运输市场也具有此特点。

3. 运输需求的多样性与运输供给的分散性

运输企业以运输劳务的形式服务于社会，服务于运输需求的各个组织或个人。由于运输需求者的经济条件、需求习惯、需求志向等多方面存在较大的差异，必然会对运输劳务或运输活动过程提出各种不同的要求，从而使运输需求呈现出多样性特点。主要表现在：时间性要求，即按时或迅速使旅客或货物运达目的地；方便性要求，即乘车方便，托运货物、提取货物方便，各种旅行标识易于识别，购票方便，运输服务周到热情等；经济性要求，即在满足运输需求的情况下，运输费用经济合理；舒适性要求，即对旅客运输而言，一般会要求乘用的运输工具舒适；安全性要求，即运输过程必须首先满足旅客或货物的安全移动。

4. 运输供给的不均衡性

市场管理的主要目的之一在于市场供求的均衡发展，价值规律的作用在一定程度上促使市场供求的均衡发展和供求双方矛盾的调和，要求供求关系在质量、种类等方面保持均衡。

运输市场是一种特殊的市场。由于运输需求的多样性、运输供给的分散性、运输业的"超前发展"和先行地位也要求运输能力应该有一定的储备（经常储备和临时储备）以适应经济发展中的偶然需求。所以，完全做到运输市场的均衡是不可能的。但可以依靠运输市场调节机能的有效发挥，凭借敏感的价值规律的门动反馈和调节系统，使运输市场在供求上力求趋向平衡或使不平衡的差值限制在一定范围之内。运输市场在供求上的不均衡性主要表现在：各种运输方式之间在供求关系上存在比较大的差别；在公路运输市场中，竞争不规范化。各种运输方式都会出现在节假日、旅游旺季运输供应不足的情况。造成这种情况的原因主要是货流和客流的分布不均衡性和波动性所引起的。

运输市场是不断发展和变化的，运输市场的特点也在随时间而变化。不同的历史时代，在不同的历史环境下，运输市场也有其不同的特点。

二、运输市场信息系统

(一) 建立信息系统的目的和意义

无论是哪个国家、哪个企业，若要占领运输市场，就必须对运输市场开展调查研究，及时准确地掌握市场的情况，并能预测未来一定时间内的发展趋势。无论国际运输市场或是国内运输市场，都是各个国家，各个集团，各种人物为着自身利益而充满竞争和竭力角逐的场所。特别是已经进入社会化大生产和运用现代科学技术管理的市场的今天，要掌握运输市场的变化动态，要了解市场今天和明天的运输供需变化及其规律，为制定运输发展战略方案提供科学依据，那就需要对运输市场进行调查研究，掌握第一手资料。

对运输市场进行调研的重要作用，主要表现在以下几点：

第一，可为国家进行宏观调控，了解市场运行情况，建立统一、开放、竞争、有序的市场体系，为企业的发展方向提供依据。通过市场调研可以了解运输市场需要什么，不需要什么，为政府部门制定市场管理决策和确定运输企业的发展方向。

第二，可以为企业开拓市场，开辟新航线提供依据。如通过市场调查发现新的贸易倾向、新的货种和新运输方式的出现或变化，进而可以考虑开发新市场或新航线，及时调整发展战略。

第三，运输市场调研是企业发展新船型、新运输方式，进行港口建设的依据，也是企业是否做出要更新产品决策的依据。

第四，运输市场调研是企业制定运价和港口费率的依据。运输市场运价的制定不仅取决于成本，而且取决于市场的需求现状和竞争者的策略。

第五，运输市场调研是企业改善经营管理，增强企业活力，提高经济效益的前提和基础。通过市场调研，可以了解市场的发展趋势和供求情况，企业根据市场的需求组织合理生产，加速资金周转，实现盈利目标，以提高经济效益。

通过调查，可以掌握运输生产和市场运行的基本信息源，获得价格动态，港、航、货动态，运输动态，企业动态、劳动力动态、从而了解运输供需情况、生产力配置使用情况、价格状况，及时地对市场供求、市场价格、运力配置做出评估；与市场各方交流信息，调整交易活动；对港、航及各运输单位生产经营活动状况进行分析。掌握企业违章违法经营活动状况，综合得出市场运行和秩序状况，做出市场管理决策，调整产业目标、途径、政策，并使之规范化、法律化，从而建立起统一、开放、竞争、有序的市场。

（二）信息系统的传递手段

运输市场信息传递的基本要求是必须实现快速化、科学化和国际化。

1. 市场信息传递要求

快速化。这是运输市场信息传递的最基本和最重要的要求。速度说明效率，没有效率则不能及时反映市场瞬息万变的动态情况。

科学化。这是指必须运用现代先进的科学技术手段来传递情报信息，是搞好信息传递的根本措施和可靠保证。

国际化。这是现代信息传递的必要条件和必然趋势。因为市场行为属国际化经营，则信息的传递也必须国际化。

另外，市场还必须运用各种国际性的商务网络，来达到广泛收集情报，传递信息，共同享用信息的目的。

2. 信息的传递手段

信息传递手段是多种多样的，目前最快捷的是电子传递信息系统。这种手段可以分为以下几种：

电话通信。包括有线电话和无线电话传递。

传真机通信。图文传真机能真实地传递图像和文字。传递快，距离远，失真小。

电脑数据传递。电脑不仅可以成为办公自动化的工具，目前还与多媒体、电子信箱结合，正逐步成为信息传递、存储、处理的理想工具和重要手段，无纸贸易成为现实。

视像通信。这是一种较先进的通信技术和传递信息装置，内装有保密电路板，有特别的视像翻译器，保密性能好。

电报、电传、信函邮件。

卫星通信系统。选择信息传递手段时，一要考虑传递的需要、时间的长短、距离的远近、内容的多少和性质、速度快慢等，而且也要考虑传递的费用和本身的支付能力。

3. 信息的分析与处理

许多信息需要进行分析与处理，才能形成质量更高的信息以便存储管理和利用。

分析信息的时效性。信息在哪一时间内使用的效果最好要进行具体的分析。

分析信息的针对性，针对性的分析是围绕研究的内容，剔除无关资料，以提高信息质量。

分析信息的客观性。信息研究要注意信息的真实性，分析要以客观存在的信息资料为依据。

4. 信息的传递

把经过加工的市场信息适时地传递出去,提供给各个部门的使用者。

5. 信息的储存

加工处理后的信息,除使用外,还要留作参考。为此须将信息储存起来,建立档案,妥善保管,以待查用。

(三) 信息系统建立的模式

一个系统的建立大约都需要经过系统分析、系统设计和系统实施 3 个阶段。这里主要讨论系统的结构模式。

当一个系统确定了它的目标之后,在系统设计时,首先必须确定它的结构模式,根据运输市场的特点,可考虑以下 3 种模式:

分散型管理系统。即由各个职能企业分别承担信息系统的功能,运输市场不设综合的信息系统,港、航、货、站点、代理等部门之间按需要进行信息交流和进行文件的传递,这种观点属无中心论。

集中型或统一型系统。即设立统一信息系统,如建立运输交易市场,由市场管理者统一定期发布港、航、货等动态,定期发布运输价格指数动态,提供统一的场所进行信息交流。按市场约定规则进行运输贸易成交,这种观点属于中心论。

混合型系统。即以上两者结合,根据市场的发育和通信技术,电子数据处理技术的发展,起步之前可先从有中心论开始,总结经验,完善市场规则和体系,然后向无中心论过渡,这是当前世界运输市场发展的轨迹和趋势。

三、运输市场竞争与营销

(一) 运输市场竞争

1. 完全竞争市场及其条件

在我们的日常生活中,往往会有这样的体验:在一个菜市场(大一点的市场)中,有许多的商贩在那里设摊卖菜,又有许多居民在那里选购。当一种蔬菜刚上市时,其数量稀少,价格也较为昂贵。一段时间后,数量增加,价格下降，最后价格降至极低的水平，然后慢慢回升，最后在一定时间内大致固定在一个价格上。在这样的市场中，没有丝毫的垄断因素，所有市场主体没有任何垄断能力。严格意义上的完全竞争市场应当同时具备以下5个条件：

(1) 市场上存在着大量的买卖双方

相对于市场需求而言，存在着大量的供应商，每一个供应商的供应数量在总的市场供给中所占比例足够小，以至于没有任何一个供应商可以以高于现行市场价格的水平出售其商品；同样，相对于市场供给而言，存在着大量的购买者，每一个购买者的规模足够小，使得他不能以低于市场价格的水平进行购买。如此众多的供应商和购买者，使得任何市场个体的行为在全体市场中都显得微乎其微，无法影响和控制整个市场价格，而只能被动地接受市场价格。只有由买方全体形成的市场需求力量和卖方全体形成的市场供给力量，才是市场价格的真正决定者。

(2) 市场上的商品具有同质性

在一个市场，一个供应商提供的商品与另一个供应商提供的商品存在的差异程度影响着供应商价格的决定能力。完全竞争市场上所有供应商提供的产品都是无差别的。相对于消费者而言，市场上的所有同类产品都完全相同，不存在质量、功能、型号、颜色、商标、品牌等的差别，也不存在销售地点、销售方式、销售环境等的差别，消费者对于不同供应商的同类产品具有中性偏好，可以根据需要随意购买任何一个供应商的产品。商品的同质性决定了消费者对任一供应商的产品所愿意支付的最高价格即是商品的现行价格。如果有一个供应商提价，所有消费者会立即转订购买其他供应商的产品。同时，供应商所采取的广告等促销策略，不会对消费者产生任何的影响。消费者的购买决策完全依据价格来做。

(3) 企业的进入或退出不存在限制

如果新的企业进入某一个市场很困难的话，则已经处于该市场中的现有企业对市场价格就会有着较大的主导权；相反，新企业的进入如果很自由的话，现有企业对市场价格的决策能力就很弱。在完全竞争市场上，企业可以随需求变化自由地决定进入或是退出，各种类型资源的投入也可以很容易地从一种用途转移到另一种用途，不存在任何重要的法律、社会、经济成本等方面的阻碍。

（4）市场中的任何主体都具备完全的信息和知识

生产者确切了解产品的销售收入函数和成本函数，以及各种资源投入的价格和可用来生产产品的各种选择性技术。消费者知道关于产品生产和销售的全部技术和经济信息，所有的决策都是在确定性条件下做出的。

（5）所有的参与者都是理性的

理性是指人们能够理智而不是盲目或冲动草率地做事，而经济学上的理性是指生产者谋求获取最大的利益，消费者谋求在一定收入水平下的效用最大化，或者说，实现最大程度的消费满足。

然而在现实生活中，这样的一个市场几乎是找不到的。所以，完全竞争市场仅仅是经济学家们的一个假定的理想市场，是一个改造非理想市场的理论依据。但在我们所见的市场中，接近于完全竞争的市场还是时有所见。例如农产品市场，市场中有无数的销售者和购买者，而每一个行为主体的买或者卖的数量相对于整个商场而言都是无足轻重的，不足以影响市场价格的确定，同时，只要农产品分级是合适的，那么不同供应商的同级产品在消费者眼里就是一样的，而且农产品的投入和退出也比较自由，买卖双方对有关的市场信息掌握都是比较充分的。另外，证券市场也可以被认为是比较接近的完全竞争市场。完全竞争市场的"不现实性"，并不能抹杀其在经济研究中的作用，我们可以以此作为一个基础，通过对假设条件的修正，来使之接近现实生活，以说明和反映现实市场条件下的市场主体行为。在运输中的汽车货运市场、海上租船运输具有完全竞争市场的特征。我国的道路运输业由于开放较早，已经形成了完全竞争的环境。

2. 运输完全垄断市场

（1）完全垄断市场及其特点

完全垄断又称独家垄断，是指一种商品的产销量完全由一个厂商控制，不存在竞争的市场。它与完全竞争市场形成鲜明对照，商品的价格完全由厂商决定，垄断者可以根据最大利润原则选择最有利的价格和产量。一个完全垄断的市场具有以下的特点和形成条件。

第一，在一个行业中，生产者只有一家，因而它的供给量就是整个市场的供给量。

第二，生产者所提供的商品没有适当的替代品。

第三，由于人为和自然的缘故，它能排斥竞争，使其他厂商不能进入这一行业。

（2）垄断的产生及进入障碍

在完全垄断市场中，垄断的能力通常来自以下几个方面：

①法律限制。一种比较典型的法律限制就是国家对于专利权的保护。专利权明确了其所有人对专利产品生产的垄断地位，以保障其免于其他生产者的竞争。在这种情况下，垄断利润就是对专利权支付的经济租金，专利持有者可以根据对未来专利有效期内的预期收益及合适的贴现率，来计算专利的现值并出售。而对于专有技术则完全以垄断利润表现对其技术所有者支付的租金。

另外，比较普遍的情况就是，政府会通过法律限制某些行业的竞争，实行市场准入制度或者干脆实行国家垄断经营，通常这些行业是一些重要的公用事业。比如在铁路运输企业准入许可办法颁布前的铁路交通运输业，在我国就属于完全垄断的。在这种情况下，铁路运输服务的提供者依靠政府的特许经营，享有独家利润。作为回报，铁路运输生产者会同意限制自己的利润（满足政府保护居民利益的目的），并承诺向所有的消费者提供运输服务，甚至这种服务是亏损的。

②自然垄断。自然垄断是指由规模经济引起的垄断。规模经济的特点就是随着产量的加大，其边际成本和平均成本不断下降，生产中出现规模效益递增。生产者就可以不断扩大产量并不断降低价格，同时保持一定的利润。小规模生产者在成本上的劣势会导致他们在市场上无利可图而最终不得不退出市场，使大规模生产企业形成垄断。由规模经济引起的自然垄断在许多行业都是存在的。比如电信、电力供应等就属于这样的产业。

③昂贵的市场进入成本。昂贵的市场进入成本会限制多数不具备雄厚实力的企业，使其难于参与到行业竞争中来，从而形成大企业的垄断。例如航空制造业，飞机制造所需要的设计、生产、检测，其成本是相当高的，足以使想要进入这一行业的竞争者退却。某一领域长期垄断还会形成市场中全体消费者对某一固定产品的习惯消费，新企业的进入如果要打破这种习惯的话，财力和精力的投入或许是惊人的，而且还有可能面临失败的危险。例如知名的班车线路。

④地理位置或是资源的垄断，列车上的餐饮销售就属于一个地理位置垄断的例子，这种位置上的优势使得经营者可以取得在这一市场内的垄断地位。例如，生产者如果可以控制某种产品生产的原料的话，那么无疑他也将取得市场中的垄断地位。

完全垄断市场在现实生活中基本上只是近似地存在于某些行业中，虽然完全垄断的现象比较少，但是对于它的分析和研究是有助于了解市场控制力的。

3. 运输垄断竞争市场

顾名思义，运输垄断竞争市场是指在运输市场中既存在竞争因素，又存在垄断因素。通常认为垄断竞争市场中竞争因素更多。显然，这是一种更为现实的市场结构，它介于完全竞争市场和完全垄断市场之间，但更偏向于完全竞争市场。垄断竞争市场一般具有以下特点：

（1）产品的差异性

与完全竞争市场不同，垄断竞争市场承认现实市场中不同生产者提供的产品是有着一定差异的。也许是品质上的，也许是颜色上的，也许是外观设计上的，也许仅仅是品牌认知的原因，会使得消费者相信各个生产者提供的产品是有差异的，不管这种差异是否存在，在现实中消费者面对商品的时候确实存在着某种偏好。比如，我们很多人可能都有这样的经验，长途旅行的时候，我们都愿意乘坐国营的车辆，而不愿意乘坐个体车辆，尽管二者在价格上并无差异，消费者的这种偏好导致在有些地方甚至出现了个体车辆冒充国营、代行行政管理职能的国有企业对挂靠车辆只收费、不管理等情况。这种差异决定着生产者在多大程度上拥有对市场价格的主导能力。因此，在这样的市场中，广告宣传、营销策划等活动不再是可有可无的，而是变得相当重要，价格也不再成为决定市场竞争的唯一因素。

（2）具有众多的生产者参与市场竞争

垄断竞争市场拥有众多的生产者，每一个参与市场竞争的生产者所占有的市场份额都很小，以至于任何一个生产者都认为自己的决策不会被竞争对手所关注，因此在制定价格和产量时，不会去考虑竞争对手的反应。同时，尽管提供的产品有差异，但产品都是类似的，因而同类产品之间具有良好的"替代性"。在道路货运市场上众多的运输服务提供者就是这种情况。

（3）市场的进入比较容易

垄断竞争市场由于其自身的特性，使得市场进入并不像完全竞争条件下那样容易。但总体来说，由于进入垄断竞争市场的企业规模都比较小，筹资要容易一些，因此，市场的进入也就比较容易了。一般来说，进入垄断竞争市场的生产者还是需要有基本的资产能力的。另外，还要努力赢得一部分消费者，以在市场上占有一定的份额。

（4）不完全的市场信息

供给者与购买者都没有完全掌握市场的信息。例如，他们未必能完全了解市场价格和销售量，却很容易从不同途径如广告及询问等获得有关资料。

垄断竞争的市场广泛存在于现实生活中，食品、餐饮、百货等，都属于这一类型的市场。由于产品属异质产品，各供给者在某程度上垄断了市场的一定比例，而消费者对市场的了解又不完全，因此个别供给者在定价时，可以不理会其他供给者所定的价格，只要寻找一个能赚取最高利润的价格便可。即使是同一类物品，供给者也可因应不同的包装、服务及销售对象而定出不同的价格。垄断性竞争者会以非价格竞争的方法来争取顾客的支持，他们会在包装、品质或服务等各方面建立自己的形象，使消费者产生好感。这样，即使物品的价格稍高于其他近似的替代品，消费者仍然乐意购买此物品。

4. 运输寡头市场

(1) 运输寡头市场及其特点

运输寡头市场，又称运输寡头垄断市场，是指在运输市场中只有极少数生产者占有绝对优势。它是存在着竞争因素，但垄断因素明显更多的一种现实的市场结构，在这样的一个市场中，少数几个运输服务的提供者占据着绝大部分或是全部的市场份额。

寡头垄断一般具有以下几个特点：

①生产者之间相互依存、相互影响比较大。在寡头垄断市场中，每一个生产者对竞争对手在产量和价格方面的变动会直接做出反应，他们会依据其他对手的情况做出自己的决策，同时也应考虑到自己的决策可能会给对手带来的影响。这是因为在寡头市场上为数不多的生产商提供着相同或相似的产品，单个生产商的产量和价格变动会在很大程度上影响整个行业的市场状况，因此，一个生产者的重大决策，必然会引起竞争对手的密切关注，并引起对手做出相应的对策。而且每一个对手的反应是不尽相同的，因此，每一个对手的反应很难做出准确预测。比如在运输市场由甲乙两大服务商垄断，甲如果做出决策降价以扩大市场份额，如果乙也降到同样的水平，那么市场总需求量扩大，两家的销售量都会增加，但市场份额不会发生变化。但如果乙的价格降到甲的价格以下，则可能会抢走甲的一部分市场，甲会再次降价，这样循环下去，双方就有可能陷入无休止的价格大战。

②寡头垄断市场一般以大企业为特征。几个大型企业瓜分市场，享有规模经济性的优势。而小型企业几乎不具备这种优势。既然寡头垄断以大企业为特征，那么要想进入或者是退出就不再是那么轻而易举的事情了。这不仅有资金上的原因，而且还会有技术上的、信誉上的和管理上的等方面的原因。经营大型企业所面临的风险往往非常大，小企业也很难承担得起。

③和完全竞争不同，在寡头垄断条件下，价格不是由市场供给决定，而是由少数几个寡头通过有形无形的勾结、价格领导、形式不定的协议默契等

方式决定。这样的价格决定方式被称为管理价格或操纵价格，这种价格若高于竞争条件下的价格，会侵害消费者福利，造成消费者损失。

(2) 寡头垄断的评价

寡头垄断企业的竞争，其好处是显而易见的。

①由于寡头垄断企业供应整个市场的全部需求量，企业的生产规模一般较大，可以获得规模经济的好处，降低成本，多元经营，可以提供规格丰富、价格低廉的产品。我国道路运输业一直存在着运输企业组织较小、竞争力明显不足的弊端，长期以来的成本高、效益低、管理水平低下、服务单一等问题，与企业规模较小不无关系，应向集约化的寡头垄断发展。

②寡头的大规模竞争，有利于技术革新，推进社会文明。寡头拥有雄厚的财力支持，为了竞争的需要，往往会组织开发技术创新并推广，从而提升整个社会的科技进步和文明进步，而小企业是无法做到这一点的。

③有利于先进管理技术的推进使用。大型企业当然会面临管理上的效率递减问题，但是这也促使大型企业去研究和掌握更为先进的管理技术，把企业的发展建立在科学管理的基础之上。同时，先进管理技术的使用，也意味着社会资源的更有效配置。

但寡头垄断的缺点也是比较明显的，主要的缺点是企业间竞争往往不足，相互关系有时会比较暧昧，形成联合，使消费者得不到本来可以用更低价格取得的商品。联合后的价格固定也会起到保护落后的作用，使生产成本较高的企业仍然有生存的空间，不利于市场发展。

(二) 运输市场营销

1. 服务市场营销的特点

运输市场属于服务市场，因此，其既有一般服务市场的共性，又有自身特性。服务产品以及服务业本身的特点，决定了服务业的市场营销有着与实物商品的市场营销不同的特点。

(1) 推销困难

实物商品可以被展销陈列，以便于消费者进行对比挑选。但是，大多数的服务产品没有自己独立存在的实物形式而难以展示,也没有标准的服务样品,推销方法也有限。消费者在购买服务产品时,只能凭借经验、品牌和广告宣传信息来选购,因此,服务产品推销行之有效的方法之一,就是通过富有想象力和创造力的推销方法和广告宣传,充分激发消费者对服务产品功能、效用的想象和需求。此外,保持良好的商品信誉和较高的企业知名度也很重要。

(2) 销售方式单一

实物商品通常要经过一个或若干个中间环节的转卖,才能最终到达消费者的手中。而服务商品生产和消费的时空同一性,决定了他们通常只能采取直接即时的销售方式,而不能储存待售。直接销售的方式使服务产品的生产者不可能同时在许多市场上出售自己的产品,这就在一定程度上限制了服务业市场的规模和范围,为服务产品的推销带来一定的困难。

(3) 供求分散

服务业销售方式的单一性决定了消费者对服务产品的需求具有分散性。首先,服务产品的生产和供给方式具有分散的特点。现代社会中相对集中的服务公司所提供的服务也是分散进行的。其次,一般服务行业具有规模小、资金少、经营灵活等特点,可以分散在社会的多个角落。服务供求的分散性,要求服务网点要广泛而分散,尽可能地接近消费者。

(4) 销售对象复杂

在实物商品市场上,购买者总是单元的。例如,从生活消费品来看,购买者主体是家庭和个人,购买的动机是用于生活消费;而在服务市场上,购买者是多元的,某一种服务产品的购买者可能会包括社会上的各行各业。比如邮电通讯、交通运输、信息咨询等服务业,其产品的销售对象就相当复杂,不同购买者的购买动机也不同。服务产品的销售对象不仅多元,而且多变。受各种因素的影响,不同购买者对服务产品需求的内容、种类、方式等是经常变化的。例如,随着社会化大生产的发展,产品的开发、咨询、技术情报、信息一类的服务已经成为企业生存和发展必不可少的条件,这类产品的需求量和销售量就会大幅增加。再如,随着人民生活和收入水平的提高,许多高层次、高消费的服务，诸如文化艺术服务、休闲娱乐服务、旅游服务等越来越受到消费者的青睐。相对于实物商品市场而言，服务市场上销售对象的变化更显著、更复杂。

（5）需求弹性大

人类的需求可以按其重要程度分成若干个等级。一般地，人民对实物产品的需求多是为了满足衣食住行等基本生活的需要，这是一种较低层次的原发性需求，需求弹性一般比较小。而人类对服务产品的需求却是随着经济的发展、收入水平的提高以及生产的专业化、效率化而产生的。这是一种较高层次上的继发性需求，需求弹性较大，对服务产品的需求总是一个经济决策单位（企业、家庭或个人）总支出中的一个组成部分，一方面它经常与其他开支发生冲突，另一方面人们对服务的消费需求受多种因素的影响，比如气候因素对旅游服务、服装销售服务、日用百货销售服务等的影响就较为突出。因此在实际生活中，服务的消费需求是个不确定变量。同时，由于服务水平的不可储存性，调节服务的供给与需求之间的矛盾就存在更大的困难。

（6）对生产者个人技能、技术要求高

各种服务产品都有特定的提供方式和技术要求，消费者对服务产品的质量要求高，而服务产品的质量又难于控制，两者之间的矛盾就突出了服务市场营销中"如何提高和维护服务产品的品质"的重要性。

2. 服务营销策略

（1）服务营销

传统的营销是彼此分离的生产与消费之间的"桥梁"，是企业组织的营销专家们通过需求分析、购买行为分析等手段，从市场上获得信息，结合自身的组织目标和人力、资金、设备等条件，制定和实施一系列营销组合方案，把生产出的产品送到需要它们的顾客手上。然而随着服务的出现，买卖双方的关系由简单的产品转移变成了全方位、多层次的相互交流。服务行业，连带着许多生产企业产品的产销过程也由于增加了送货、安装、维修、处理投诉等服务性项目而变成了买卖双方频繁、密切接触的过程。在这种情况下，传统的营销方式就不能完全满足需要了。传统营销的核心是营销组合策略与定位策略，4P（Product、Price、Place、Promotion）虽然也适用于服务领域的营销活动，但由于服务业的特点，"人"取代了"产品"本身而成为整个生产经营活动中的主角。

(2) 关系营销

目前，企业特别是服务企业与其顾客之间的直接交流越来越多，他们之间的关系日益成为营销活动的焦点。传统的营销组合策略并没有涵盖整个服务过程中顾客关系的全部资源与活动盘。比如这些策略往往没有涉及服务消费阶段生产企业与顾客的某些接触，这些接触中买卖双方的相互作用并不属于传统的独立营销部门的职责，而是与服务组织中的运营或其他非营销部门有关，但他们无疑会对顾客未来的购买行为及口头宣传有一定的作用，也就是说具有营销影响。

营销就是要使供求的各个部分相匹配，这就暗示着企业要重视各个方面之间的相互关系，特别是与顾客的长期关系。由于企业用于使人们对企业提供的产品或服务产生兴趣并使潜在的顾客接受企业服务的成本很高，从长远观点看，与顾客建立短期关系的代价就比较高，因此，企业应注重培养和维持持久的、长期的顾客关系。

开展关系营销的过程包括3个部分，第一是与顾客初次接触以形成某种关系；第二是维护现有关系，使顾客愿意并继续与这一关系中的其他参与者打交道；第三是强化不断发展的关系，使顾客愿意扩展这一关系的内容。无论从营销角度还是服务提供者角度看，这3种情况各具特点。从营销角度看，建立初次接触需要有良好的沟通技巧；有利的口头宣传和良好的、著名的形象会对企业有所帮助；维持顾客关系则需要良好的销售活动。这并不仅仅指专业销售人员的业绩与素质，更重要的是指全体服务员工良好的销售和沟通技巧。从服务提供者角度看，建立顾客关系是做出承诺；维系关系依赖于实现承诺；发展或强化关系则意味着在实现了前面承诺的前提下提出一系列新的承诺。

关系营销的目的是培养和强化连续不断的持久的顾客关系，它是一种长期的营销战略,重点在对关系的维系上。虽然获得新顾客也很重要,但企业更多地注重现有顾客。与之相对应,另一种战略的重点是在某一时间同特定的顾客交易,但并不刻意追求与该顾客发展持久的关系,这种战略称为交易营销或争取订货营销。

交易营销与关系营销是两种截然不同的战略,他们与众多介于其间的营销战略构成了企业营销战略的统一体。企业应当结合自身业务的特点在这个战略统一体中找到适合本企业的位置。

(3) 内部营销

在服务营销中,人是重要因素。这既包括顾客以及供应商和其他为企业提供辅助服务的参与者,也包括企业内部的员工。企业开展的关系营销主要是为了建立和改善与以顾客为主的外部人员间的关系,而这首先必须理顺内部关系,是企业的员工真正做好思想上和行动上的准备。当前,营销不再仅仅由企业营销部门的专门人员来进行,尤其是在服务领域,许多负责传统的非营销性活动的人员也与顾客进行接触,他们的数量大大超过了专业营销人员。这些人的技能、顾客观念和服务意识极大地影响着顾客对企业的感觉及其未来的购买行为。因此,企业必须通过内部营销培训这些"业余营销者"使其具备必要的技能和正确的观念。

内部营销的目标人群是企业管理层和"业余营销者",前者包括高层管理部门以及中级管理和监督人员;后者则指与顾客发生接触的一线人员以及从事支持性工作的企业员工。

内部营销的内容主要包括两个方面,即态度管理与沟通管理。态度管理是内部营销的主要部分,它是对雇员的态度及其有关顾客意识与服务意识的动机进行管理,这是一个持续不断的过程;沟通管理指确保企业内部信息通畅,使管理人员、一线服务人员和二线支持人员能够取得完成各自职责所必需的信息,并能够把各自的需要、要求和观点等传达出来。与企业内部信息传递和反馈有关的沟通管理常常是断续的过程。而真正成功的内部营销过程是将态度管理和沟通管理结合起来,前者施加影响,后者提供支持,从而使内部营销成为不断发展的永续过程。

3. 交通运输企业市场营销

（1）交通运输企业市场营销的作用

现代市场营销学着重从企业的角度研究微观市场营销，它包括与市场有关的一系列企业营销管理活动，如企业的市场营销研究、产品（服务）和品牌管理、新产品开发、销售管理、价格策略、公共关系、运输仓储等工作。可见，微观市场营销是联结市场需要与企业生产的中间环节，是企业用来把消费者需要和市场机会变为有利可图的企业机会，并利用它作为提高企业经营效益的有效途径。

从理论分析可知，交通运输企业市场营销属于微观市场的范畴，是指在运输市场上通过运输劳务的交换，满足运输需求者现实或潜在需要的综合性营销活动过程。它始于运输生产之前，贯穿于运输生产活动的全过程：在提供运输产品之前，要研究货主旅客的需要，分析运输市场机会，研究目标市场，从而决定运输产品类型、运输生产组织形式以及运输范围和数量；在组织生产经营过程中，要使运输产品策略、运价策略、客货源组织策略和服务策略有机地结合起来，通过良好的公共关系去实现运输生产过程；运输生产结束后，还要做好运输结束后的服务和信息反馈工作。这样周而复始，形成良性循环，不断满足社会运输需求，提高企业的经济效益，更好地发挥市场营销的作用。

（2）交通运输企业市场营销观念

交通运输企业是现代企业的一种类型，是专门从事旅客或货物运输生产经营活动的经济组织。在社会主义市场经济条件下，交通运输企业是社会生产领域和消费领域的中介和桥梁，运输生产的社会性特点决定了企业市场营销并非简单的企业行为，应以国民经济的宏观要求和社会效益为首要任务。因此，交通运输企业的市场营销观念应体现以下主要指导思想：

①以合理满足运输需求，增进社会福利为中心。市场营销观念要求经营者重视旅客和货主的需求，把了解他们的需要、欲望和行为作为营销活动的起点，发展能满足社会需要的运输产品，并力求组织合理运输，谋求运输效率的提高和运输服务的改善。

②以等价交换、自愿让渡、互需互利为原则。市场营销的中心是达成交易，在市场经济条件下，交换仍旧必须遵循商品经济的基本的客观经济规律——价值规律的要求，才可能既使消费者满意，又使生产经营者愿意努力满足消费者的需要。

③以整体市场营销为手段。市场是实现潜在交换的竞争场所，欲达成交易，不仅要提供物美价廉的优质产品，而且需要一定的营销技巧。现代市场营销活动已经不能再沿袭早期市场销售所采取的简单方式，它要求企业针对不同目标市场的需求与愿望，设计本企业所能提供的产品，采用合理、有效的定价、分销和促销策略，开拓市场并服务于市场。

（3）交通运输企业市场营销研究方法

不同的社会经济制度，不同的市场环境，不同的地理区域，市场营销的活动具有不同的特点，相应的，市场营销的研究方法也不同。交通运输企业市场营销所研究的是运输产品的市场营销问题，具有较强的专业性，在积极探索研究国内外市场营销学中适合运输业特点的研究方法的基础上，采取有效措施，开展运输市场营销，提高运输经济效益。营销研究常用的方法有：

①产品研究法。产品研究法即以某种或某类产品为主体，着重分析这些产品的市场营销问题。如运输产品市场营销，就是以运输产品为主体，研究运输产品市场需求变化趋势、运输劳务种类、运输质量要求，以及服务标准、场站布局、客货源组织渠道、价格与促销手段等问题。

②组织机构研究法。这里所说的机构，是指渠道系统中各个环节（或层次）和各种类型的市场营销机构，如各种运输生产者、各种运输代理商、各种客货运站等。所谓机构研究法，就是着重分析研究渠道系统中上述各市场营销机构的市场营销问题。

③职能研究法。这里所说的职能，是指"市场营销职能"，包括：购买、推销、运输、装卸、仓储、标准化、资金融通、风险承担、提供市场信息，等等。所谓"职能研究法"，就是通过详细分析研究各个"市场营销职能"以及企业在执行各个"市场营销职能"中所遇到的问题（如推销问题、储运问题等）来研究和认识市场营销问题。

④管理研究法。管理研究法即从管理决策的角度来研究市场营销问题，也就是企业在市场营销管理决策时，既要按照目标市场的需要，全面分析研究外界"环境因素"（即企业的"不可控制变量"），同时又要考虑企业本身的资源和目标，权衡利弊，选择最佳的市场营销组合，以满足目标市场的需要，扩大销售，增加盈利，提高企业的经营效益。

⑤系统研究法。所谓系统研究法，就是企业在市场营销管理决策时，把与企业有关的环境和市场营销活动过程看作是一个系统，统筹兼顾其市场营销系统中的各个相互影响、相互作用的构成部分，促使各个部分协同行动，密切配合，从而产生"增效作用"，提高企业经营效益。

第三节 交通运输投资与效益分析

一、交通运输投资概述

（一）交通运输投资的概念及分类

投资是指为达到预期目的而投放资金的行为，是一种资金运用的经济活动。也就是说，投资是为了获得一定的预期经济效益——如将来能够获得的物质资源和劳动资源，而进行的货币资金或资本物的投入及其活动过程，它具有商品货币关系的属性。在不同的社会经济政治制度下及在不同的社会发展阶段，投资有不同的社会含义。通常情况下的投资是指购置和建造固定资产，购买和储备流动资产的经济活动。

交通运输投资是促进我国交通运输业持续、稳定、协调发展的重要手段，也是交通运输企业扩大生产能力或获得某种收益的重要方式。从不同的角度来看，投资的分类多种多样。

按投资的融资手段和目的不同划分为直接投资和间接投资。直接投资是指运用资金以各种方式向企业及生产设备等进行投资以及利润再投资，取得被投资企业的部分或全部经营管理权。间接投资也就是证券投资，是指投资者在证券市场上购买有价证券，主要是股票债券，从而获取股票红利、债券利息或证券买卖收益的投资方式。证券投资由于投资者不能直接控制企业的经营管理,所以也被称作间接投资。

按投资内容划分为基本建设投资和更新改造投资。所谓基本建设是指通过购置、建筑、安装等生产经营活动,把一定的物资和技术设备转化为生产性固定资产和非生产性固定资产,以形成新的生产能力或改善生活条件。而更新改造,是固定资产再生产的手段之一,它是以内涵为主扩大再生产的方式,通过采用先进的技术、设备、工艺,提高劳动者素质和经营管理水平,达到增加品种、提高质量和生产效率、降低消耗等目的。

按投资形成的资产形式不同划分为固定资产投资和流动资产投资。固定资产投资有两种含义:一是指用于进行固定资产更新和扩大再生产的资金;二是指建筑、购置、安装固定资产的一种特殊的物质生产活动。

固定资产投资根据固定资产再生产的类型可划分为固定资产简单再生产投资和固定资产扩大再生产投资。前者是指投资形成的新固定资产仅仅只能补偿、替换被消费掉的原有固定资产,后者还使固定资产的规模及生产能力在原有的基础上扩大了。

按生产形式的固定资产性质的不同划分为生产性投资和非生产性投资。

按投资项目的建设性质不同划分为新建投资,改、扩建投资,恢复与迁建投资。

按投资的范围不同划分为宏观投资、中观投资和微观投资。

按投资主体划分为国有企业投资、集体企业投资和私人投资。

按投资来源渠道划分为财政投资、信贷投资、企业自筹资金投资、股份制投资和外资投资。

按投资项目的规模划分为大中型项目投资和小型项目投资。

按投资期限划分为中长期投资和短期投资。

对投资进行科学分类,对于加强投资管理,提高投资效益具有重要意义。

(二) 交通运输投资资金的筹措

交通运输业作为国民经济运行的基础产业,是维系国家社会生产和生活正常进行，促进国民经济发展的必备条件和基础保证。因此交通运输设施的好坏，从某个角度上说可以影响一个国家经济发展的速度。但交通运输基础设施建设所需资金数量巨大，建设周期长，建成后投资回报缓慢，所以经常面临投资需求大而实际投入不足的矛盾。

投资资金是投资活动得以顺利进行的基本保证。经济体制改革之前，我国的投资主体只有政府一家，投资主体单一。经济体制改革后，出现了多元投资主体，有中央政府投资主体、地方政府投资主体、企业投资主体、个人投资主体、金融机构投资主体和外国投资主体。各投资主体既可独立投资，也可联合投资，构成了多元化、多层次的投资主体结构。筹资方式也不再单一，有财政税收、企业自有资金、银行信用、股票、债券以及各种民间集资方式和利用外资方式。其中：中央政府投资主体的筹资方式有财政税收、财政信用，如发行各种债券或举借外债；企业投资主体，可利用的筹资方式有自有资金、银行信用、发行股票及民间集资和利用外资；个人投资主体主要是个人自有资金、民间集资和金融机构信用；融资机构投资主体的筹资方式主要有自有资金、吸收存款、发行金融债券及利用外资。

除此之外，各行各业还可根据各自的业务特点，开辟自己的融资渠道。如交通部门资金的收集，目前，主要有养路费、车辆购置附加费、各种国内外贷款；将来还可以通过公路法、海商法、港口法，保证交通建设和资金来源，政府参与制定统一的交通网规划，承担部分或全部建设资金；通过交通网的分级管理，由国家负责有全国意义的干线路或主通道、主枢纽的投资，省和地方政府负责地方级运网的投资；确定"谁受益、谁支付，多受益、多支付"的原则，通过多种渠道筹集投资资金；还可以利用改革现行的路、港使用费税收制度，如驾驶执照费、车船使用税、运输管理费、过港费、航道使用费、征收燃油税，通过合理的税收政策和物价政策，建立交通建设基金，解决交通运输建设资金的来源。

从历史上看，世界各国都面临过或正在面临着交通建设的集资问题。但由于国民经济发展阶段及社会历史条件的不同，集资的做法有所差异，然而作为社会的基础设施和与国民经济的关系特别重要的交通运输业，对工农业生产、人民生活、国防建设及其他社会活动诸方面的影响,其关系都是大致相同的,以致各国政府总是要或迟或早地最终对交通资金采取某些大致相同的政策,表现出交通集资和建设方面的一些共同规律。

交通运输业具有为全社会服务的特征,是一种社会福利措施,其社会效益往往大于企业本身的效益。表现为投资规模大、建设周期长,企业经济效益低、投资回收时间长。按照商品市场的商品等价交换原则,私人投资者对于社会效益大于企业效益的投资不是非常感兴趣的,甚至以集资方式对交通投资也比较困难,这就决定了各国政府都采取了政府参与交通规划,并部分承担建设资金的政策,政府投资是支持一种公共福利措施的体现。

一般地说,一国的交通资金的筹集办法取决于政府对交通和交通资金所采取的政策,它是一国国民经济和交通运输在一定的发展阶段的产物。在经济发展初期,为了使交通运输保证满足国民经济发展的需要,政府就得出面通过各种方式予以支持;在市场经济条件下,则要遵照商品价值规律和商品等价交换原则,调整税收政策、物价政策和各种优惠政策,以吸引私人投资者和各种集资的兴趣,才有可能扩大投资渠道。

各国政府一般都采取"谁受益、谁支付,多受益、多支付"的原则,交通运输的各种税收构成了当代各国政府交通投资资金的主要来源。

在我国的现行体制下,交通运输建设的资金筹集方式或投资来源渠道主要有以下几种:第一,国家及地方政府的财政投资。长期以来,财政投资一直是我国交通运输建设投资的主要来源。在我国财政体制改革的过程中,相当一部分财政投资由国家和地方政府通过建设银行或相关银行发放低息优惠贷款实现对交通运输建设的资助。第二,银行贷款。银行贷款是改革开放以来出现的新的筹资方式。交通运输企业通过筹措银行贷款用于交通运输基础设施的建设,以经营收入和费收等归还贷款。第三,发行交通建设债券。债券期限一般可为3~5年储蓄,到期归还。第四,成立股份有限公司,发行股票。例如,建立股份制的航运、港口企业,甚至可发行股票进行项目建设、经营和管理。目前,有的股份制交通运输企业已经成为上市公司。第五,集资。由国有企业、集体企业和个人筹集资金进行交通运输投资。第六，利用外资。所谓利用外资就是利用非本国来源的资金和资本用于国内建设。利用外资的形式多种多样，但归纳起来有两大类：一是间接利用外资，它是利用国际间信贷关系，借入资金。如外国政府贷款、国际金融机构贷款、外国银行贷款、外国出口信贷及发行国际债券等。这种方式的使用范围广，资金使用自主，但发生债权、债务关系，必须还本付息。二是直接利用外资即吸收外国投资。如进行中外合资经营、中外合作经营、合作开发等。这种方式是外国投资者直接参与经营管理活动，并按所占股份分享利益，分担风险。第七，新兴融资方式。例如，融资租赁、项目融资、PPP模式等。

（三）交通运输投资结构分析

投资结构是指投资的各组成部分之间的相互关系及其构成。投资各组成部分之间的相互关系是投资结构的本质反映；而投资各部分的构成是指各部分在总投资额中的比重，它定量表现了各组成部分之间的相互关系。投资结构就是这两者的统一。

投资结构按不同的标志划分，有多种结构形式。一般可以分为投资来源结构和投资使用结构两大类。

投资来源结构反映投资资金不同来源的相互关系及其构成，即反映国家预算内投资、国内贷款、利用外资，自筹资金及其他投资的相互关系和他们各自在总投资中所占比重。

（四）合理确定交通运输投资方向

1. 优化提升基础设施网络

根据国外运输发展的经验，交通运输作为社会经济的基础产业，它的建设和发展要适当超前于国民经济的发展。特别是它的基础设施发展的超前性是保证并促进经济发展的先决和必要条件。自改革开放以来，我国交通基础设施建设发展迅猛，交通基础设施规模位居世界前列，且正稳步朝着交通强国的方向发展，在各运输领域均取得进步。

2. 改善运力结构、发展规模运输经济效益

运力拥有量情况是交通运输能否满足经济、社会发展需求的一个重要组成部分。运输工具必须在数量、品种和质量上满足国民经济和人民生活的需

求。要积极创造条件,在注意发展大吨位车的同时,发展具有规模经济效益的公用型运输,发展集装箱车、特种货车和高档舒适型客车,以大力调整运力技术结构的比重。

在水运运力建设方面,重点要围绕大宗散货、集装箱和陆岛滚装三大运输系统进行建设。运输装备的重点,要发展大型集装箱船、大型散货船、大型油轮和特种运输船、高速客运船舶。内河水运除航道外,港口条件亟待改善,要极大改善港口设施的落后状况。充分利用我国现有河流航道水深、流速条件,改进船舶技术性能,提高装载能力,推广分节驳运和浅吃水船技术,提高我国内河船舶的技术竞争能力。

二、交通运输投资与社会经济发展战略关系分析

(一) 交通投资与经济增长关系分析

交通运输基础设施是政府公共投资的重要组成部分,早期的研究成果认为,交通运输投资对经济增长产生了强有力的促进作用,生产的增长同交通运输的改善直接相关。在发展中国家,运输设施的不足被视作社会经济发展和民族融合的重要"瓶颈"之一,因而在经济起飞阶段政府常常大量投资于交通运输基础设施,以降低运输成本、扩大市场服务范围和实现规模经济,并进一步促进经济扩张。但是,随着研究的深入和计量经济方法的引入,交通运输与经济增长之间具有因果关系的观点受到了许多质疑。一些经济学家在实证分析的支持下提出了"只有在一定条件下,交通投资才会对经济增长起到积极作用""一般没有理由认为对交通基础设施的投资会自动改善落后地区的经济业绩"等观点,使交通基础设施投资与经济增长关系之间的关系变得扑朔迷离。

相对于国民经济快速发展产生的运输需求,在相当长的一段时期内我国交通基础设施供给能力总体上处于紧张状态,甚至成为制约经济发展的瓶颈产业。因此,综观我国交通运输业发展历史,从某种意义上说就是交通基础设施投资建设史,无论是运输供给数量和质量的提高,还是运输结构的调整和升级,以及区域经济的协调发展,客观上都有赖于投资的推动。特别是改革开放以来，为适应经济增长带来的客、货运输需求的快速增长，各种运输方式的固定资产投资额都较改革前有了较大程度的提高。在我国，交通投资不仅仅是促进交通运输业发展的重要手段，而且被视作拉动内需、促进区域发展和国民经济增长的有效措施之一。

从直观上说，交通投资作为我国全社会投资的重要组成部分，是推动经济增长的重要动力；反过来，经济增长从而需求增长也会推动交通固定资产投资的进一步增加，目前，我国在制定交通投资和交通发展政策时，均将交通投资与经济增长具有正相关性作为一个前提。

（二）基于交通投资与经济增长关系的投资政策

1. 交通运输发展必须适应经济增长的需要

在交通总体供给能力偏低的情况下，通过扩大投资来提高运输能力、满足经济增长的需要是交通运输发展的必然选择。近年来，随着交通运输业持续保持较高投资规模，曾一度制约社会经济发展的"瓶颈"问题已得到有效解决，当前我国交通运输能力基本上能够满足社会需求。但是应该看到：我国交通运输业仍存在一定的问题，交通基础设施总体规模仍需进一步发展以满足运输需求的增长。在特定时段内，交通运输供求之间的矛盾还比较明显。我国交通运输发展还存在着地区差距，虽然政府通过投资干预在一定程度上缩小了东西部地区的交通发展差距，但西部地区交通基础设施相对落后的状况仍未完全改变，东西部交通发展还存在着不均衡现象。此外，随着城市化的快速发展，对于交通基础设施和交通发展模式提出了新的要求。城乡之间的交通发展也存在着差距，加大农村地区的交通投资，为农村地区社会经济发展创造必要的条件是目前我国交通运输业所要解决的重点问题。因此，当前交通运输业仍应坚持"适应经济增长的需要"的基本原则，保持一定的投资规模，以满足经济增长产生的各种客、货运输需求，避免对经济增长形成新的"瓶颈"制约。同时，作为国民经济的基础性产业，交通运输发展必须保持适当的超前性。由于交通投资效果的显现具有时滞性，交通投资应保持适度超前以满足未来经济增长所产生的客、货运输需求。

2. 通过优化促进交通运输增长方式转变

现今我国交通投资已从"重规模"逐步向着"高质量、高效率"的方向发展，交通设施设备、交通网络、运输服务均得到优化，但投资结构仍然存在一定问题，多式联运、综合运输等仍需强化。在交通投资总规模保持适度扩张的同时，更重要的是要通过优化交通运输投资结构、技术和管理创新、制度创新等手段来提高投资效率，尽快使交通运输增长方式从外延式（即粗放式）向内涵式（即集约式）转变。这是因为：一方面，相对于快速增长的投资需求，在一定时期内资金供给（包括政府资金和社会资金）是有限的，交通投资与其他投资在资金分配上具有竞争关系，并且随着资金需求的增长，资金使用成本有边际递增的趋势；另一方面，未来交通运输在发展过程中将面临越来越强的土地、能源等资源约束和环境约束，现有的依靠要素投入、扩大投资规模的增长方式具有不可持续性，必须转向依靠提高要素生产率、提高投资效率的内涵式增长方式。从投资的角度说，实现交通运输增长方式转变的主要途径有：

（1）调整交通投资结构，提高交通投资总体效益

评价交通投资效益，不仅要着眼于综合交通体系，而且要立足于投资的社会效益和外部效益，而不能仅从某种交通运输方式和投资所产生的直接经济效益出发。因此，政府应加大对铁路、水运等相对投入低、资源消耗少、环境影响小的运输方式的投入，并通过税收、补贴等方式引导社会资金进入该领域。调整政府交通投资的地区结构，加大对落后地区的交通投资力度，为其他产业的发展和投资的流入创造有利条件。调整政府交通投资的城乡结构，加大对农村地区的交通投资力度，为农村社会经济发展提供必要的交通条件。调整交通投资在基础设施建设和运输服务系统建设上的分配比例，使构成交通运输体系的"硬件"系统与"软件"系统协调发展，从而提高交通投资的系统效率。

（2）依靠技术和管理创新提高交通投资效率

相同的资金，投入到不同运输方式中其效果是截然不同的，在选择交通运输技术时，应优先考虑运输能力大、运输成本低、资源占用少的方式，使

有限的资金最大限度地发挥效益。政府应加大对交通新技术的研发投入力度，并通过财税政策促进交通企业建立自主创新机制，提高技术对交通增长的贡献率。在推动技术进步的同时，运输组织和管理创新也是提高交通运输系统效率的有效手段，例如，交通枢纽布局调整与功能完善将使交通运输的点线能力协调发展，可以提高既有基础设施的使用效率，从而提高系统运行效率。

（3）以制度创新带动交通投资效率的提高和交通增长方式的转变

从长远看，建立综合运输管理体制是保证合理交通投资规模、优化交通投资结构、提高投资效率的根本保障。此外，随着交通基础设施逐步回归公共产品属性，该领域中政府投资的比重将有增长趋势，政府投资的有效性将对交通增长方式转变产生着重要影响。

3. 应审慎实行以交通投资促进经济增长的政策

交通基础设施是经济增长的必要条件，但是在实行以交通投资促进经济增长的政策时应保持审慎态度，这是因为：一是交通投资对经济增长的影响具有时滞性，目前的投资效果并不能马上显现出来，而要滞后一定的时期，因此将交通投资作为促进经济增长的手段需要建立在对未来经济增长趋势做出准确判断的基础上，保持合适的度，否则过分强调交通投资的作用可能导致片面追求投资规模、交通投资过快增长、运输能力过剩的问题，造成资源浪费，并对经济增长产生负面影响；二是经济增长是多因素共同作用的复杂过程，交通投资只是促进经济增长的必要条件，而非充分条件。在社会资源有限的情况下，交通投资和其他投资存在着此消彼长的关系，交通投资并不是投资越大效用值越高，而必须与其他生产性投资保持相应的比例，才能实现经济的快速增长。因此，要理性看待交通投资对于经济增长的作用，审慎实行以交通投资促进经济增长的政策。

第三章 交通系统分析

第一节 交通系统宏观与结构分析

一、交通系统宏观组分

交通系统根据研究角度的不同，可划分为不同的组分，常见的系统宏观组分如下。

按照运输方式分（五大运输方式），交通运输体系内有铁路运输、公路运输、水路运输、航空运输和管道运输等多种运输方式。每种运输方式有不同的技术经济特点，适应着不同的自然地理条件和运输需要。纵观世界范围内交通系统的发展历史，按照不同运输方式在不同时期所起的主导作用，交通系统可以划分为 5 个发展系统阶段：铁路运输系统，公路运输系统，水路运输系统，航空运输系统和管道运输系统。由于铁路、水路、公路、航空和管道 5 种现代化运输方式在载运工具、线路设施、营运方式以及技术经济特征等方面各不相同，因而各有优势和不同的使用范围，它们之间的关系是相互补充、相互协作的合作竞争关系。

按照服务对象分，交通系统由客运交通和货运交通构成。客运主要包括公/商务、旅游和通勤等，公/商务客运主要有航空运输、铁路运输和公路运输等方式；旅游客运有航空运输、铁路运输、公路运输和水路运输等方式；通勤客运主要包括铁路运输、公路运输及共享运输（如单车、网约车等）等方式。货运（物流）可分为运输环节和中转环节，运输环节的主要方式有航空运输、铁路运输、公路运输、水路运输及管道运输；中转环节主要分为货物装卸、存储和分拨等。

按照组成道路交通活动的要素分，交通系统是人类社会大系统的组成环节，是一个复杂、开放的大系统，由人、车辆、线路和环境组成。人是交通系统的主体，包括驾驶员、乘务员、管理人员、维修人员、行人、乘车人等；车辆是交通系统的主要部分，包括通用车辆、专用车辆；线路包括公路、城市道路两部分，城市道路又分为快速路、主干路、次干路、支路等；人、车辆、线路构成了交通系统的内部结构，交通系统的外部环境包括交通站场、社会环境、土地利用等。构成交通系统的基本要素既是相互独立的，又往往以组合的形式出现，各类要素中有一类是寻求得到系统服务的需求因素，另一类则是对系统的扩展和运行时起制约作用的供给因素。

按照所处环节不同，交通系统由载体子系统（包括各种交通网络、场站和交通工具）、运输子系统（包括运输方式的构成及运输组织管理等）和交通管理子系统等组成交通大系统的外部环境同样也可以划分为若干个子系统（包括地理环境、城市形态与规模、土地利用以及社会经济环境等）。

按照交通流研究角度不同，交通系统由宏观交通、中观交通和微观交通组成，宏观交通主要是从交通管理者的角度对城市路网的整体运行状态进行评价，如不同拥挤程度的道路里程百分比、不同严重程度的交通事故数量等，对交通管理中信号控制策略的选择、交通现场的指挥与救援调度等战略性的交通决策提供信息依据。中观交通是对局部路网或地区交通进行研究，主要集中于对交通流基础理论的研究。微观交通主要研究交通流特征参数随交通状态的变化趋势、车辆运行状态与相互影响，能够为交通控制和交通诱导系统提供翔实、有效的数据。

从运营角度分析，现代化的交通系统都必须具备运载工具、通路、场站、动力、通信、经营管理等的配合，且运输经营的成功与否、服务质量能否令人满意，也取决于构成要素能否发挥其应有的功能，以及彼此能否密切配合。

按照功能分，交通系统分为运输系统、集散交通组织和衔接系统。其中，运输系统：高机动性、低沿线用地服务功能（包括城市快速路系统、主干路系统、轨道交通系统、BRT系统和常规公交干线系统）。集散交通组织：低机动性、高沿线用地服务功能（次干路、支路系统以及常规公共交通次干线和支线系统）。衔接系统：运输系统中转、运输系统与集散系统中转（不同层级的公交枢纽、重要道路节点）。

除了以上常见组分，交通系统还有其他组成分析，如软交通系统与硬交通系统、现实交通与元宇宙交通等，故分析交通系统组分时，要根据不同的研究角度和问题，具体问题具体分析。

二、交通系统结构分析

系统结构是指系统内部各组成要素之间的相互联系、相互作用的方式或秩序，即各要素之间在时间或空间上排列和组合的具体形式。结构是系统的普遍属性，没有无结构的系统，也没有离开系统的结构。无论是宏观世界还是微观世界，一切物质系统都无一例外地以一定结构形式存在着、运动着和变化着。

系统至少由两个以上相互区别的要素组成，在各个要素之间必然有着某种相互关系。因此，构成系统的要素数量、各要素的转换能力，以及各要素之间发生联系的方式不同，系统的性质也因之而异。系统结构分析就是从系统内部来考察其组成要素的联结关系的一种分析方法，要素之间的关系发生了变化，就会引起系统结构的变化，所以系统结构是完成系统功能的基础，不同的系统结构产生不同的系统功能和功能效率。

交通系统结构分析的任务就是分析交通系统由哪些要素组成，这些要素之间、要素与整体之间都有什么样的关系，这些关系产生什么样的系统结构等，概括如下。

（一）交通系统各要素间相互关系分析

交通系统各组成要素在功能上是相互衔接、分工协作的，往往呈现出相互促进、相互制约的合作竞争关系。

（二）交通系统结构具体分析

分析交通系统结构要分层进行，从不同层次、不同角度分析运输系统内外相互联系的各个方面和环节的有机比例和构成。根据研究角度不同可划分为宏观、中观和微观3个层次。

宏观层次的交通运输结构，是从国民经济整体考察交通系统的运输能力与运输需求的适应程度，以及为了建立适应性运输业而应有的生产要素投入比例和运输业产出比例。中观层次的运输结构，是从运输行业内部考察各种运输方式的构成，以及为了实现合理分列车协作所需的比例关系，如各运输方式的线网规模与地区分布、运输能力的比例、实际完成的客货运一世比例等。微观层次的运输结构，是从各运输方式内部的各个环节考察其构成比例。

（三）结构的稳定性分析

系统的稳定性是指在其寿命期内可靠地完成系统应有的功能的能力，也就是要保持良好的结构和稳定的运行状态，具有抗干扰的功能。

（四）结构的合理性分析

一个合理的交通系统结构有两方面含义：一是交通系统与国民经济其他系统之间保持一种协调发展的比例关系；二是交通系统内部种运输方式之间保持一种合作竞争的优化比例。那么，合理的交通结构是怎样的？如何才能建立起合理的交通系统结构？综合运输通道理论应运而生。运输通道理论是以系统思想为指导，综合运用区域经济学、区位理论、运输经济学、经济地理、运输规划理论和方法而形成的一种新的运输规划理论。通过多国实践证明，运输通道理论可有效地规划和建设合理的交通系统结构。

1. 综合运输通道的定义

综合运输通道是由公路、铁路、航空等多种运输方式线路组成的客货流密集地带，承担较大运量的中长途运输，是各种运输方式的最佳组合和补充，是主要产业通道，亦是运输大动脉。

2. 综合运输通道的特点

综合运输通道具有区域性、规模性、集合性、方向性的特点。

3. 综合运输通道的构成要素

综合运输通道通常由五大要素构成：节点、线路、运输工具、要素流、外部环境。

综合运输通道沿线所连接的城市群内各城市就是其"节点";综合运输通道一般由不同的运输方式、走向大致平行的多条运输线路构成,这些线路是支撑通道线状交通的基础设施;运输工具是通道能够运行的基础设备;要素流由物质流(客流、货流)和非物质流(资金流、信息流和技术流等)构成;外部环境是指支撑综合运输通道的地域经济实体。

4. 综合运输通道的分类

综合运输通道按地域范围可分为广域、区域和城市及其对外运输通道 3 种;按服务对象可分为客运、货运和客货混合运输通道 3 种;按运输功能可分为干线、集散、城市以及特殊用途运输通道。

对于城市交通系统而言,系统结构涵盖 3 层含义:交通方式结构、交通配置结构和交通出行结构等。城市交通方式结构是指城市中各类交通方式所承担的交通量的比例关系;城市交通配置结构是指城市中各类城市交通方式所配置供给的交通设施(固定交通设施,如路网、场站等;移动交通设施,如交通工具等)的比例和交通衔接关系;城市交通出行结构是指城市交通各类出行特征所占的比例,而出行特征包括出行量、出行频率、出行目的分布、距离分布、时间分布和空间分布等。城市交通系统结构既可以表示综合交通体系中各种交通方式的功能与地位,又可以反映城市交通出行需求的特征,同时还可以表示交通系统配置供给情况,它是城市客运交通系统的最本质特征。

第二节 交通系统功能与环境分析

一、交通系统功能分析

(一) 交通系统功能分析概述

1. 交通系统功能分析概念

系统的结构与功能的关系是不可分割的一对范畴,系统结构是系统功能的基础,把系统与外部环境相互作用所反映的能力称为系统的功能,体现了一个系统与外部环境之间物质、能量和信息的输入与输出的转换关系。系统结构说明的是系统内部状态和内部作用,而系统功能说明的是系统外部状态和外部作用。贝塔朗菲曾解释:结构是"部分的秩序","内部描述本质上是结构描述";功能是"过程的秩序","外部描述是功能描述";功能是系统内部固有能力的外部表现,它归根结底是由系统内部结构所决定的。系统功能的发挥,既有受环境变化制约的一面,又有受系统内部结构制约和决定的一面,这就体现了功能对于结构的相对独立性和绝对依赖性的双重关系。

从系统的角度看,任何系统的存在都是为了实现特定的功能,即从事某种活动或产生某种结果。系统功能可以表述为构成系统的要素及其内部结构与外部环境的相互作用所呈现的系统行为功效和能力。其关系式可以表达为

$$F = f(K, S, E) \qquad 式3-1$$

式中,F——系统的功能;

K——构成系统的要素;

S——系统内部结构;

E——系统外部环境。

系统功能有直接与间接之分,前者为系统的显功能,后者为系统的隐功能。隐功能无论是否有利于人们社会生活的发展,都是客观存在的。一般情况下,人们偏重显功能而忽略隐功能,实际上隐功能的意义也不容忽视。

系统的功能效应有肯定和否定之分,所以在考察系统功能效应时,必须要衡量系统隐功能和显功能的肯定效应及否定效应两个方面。当系统的显功能与隐功能均为肯定效应时,系统功能发挥最为充分,对于交通系统而言,亦是如此。

2. 交通系统功能组成

交通系统是社会系统的重要组成部分,它承担着物质、能量、信息的转运传输,维系着社会生产和消费的平稳运行。交通系统功能是指交通系统与外部环境相互联系和相互作用中表现出来的性质、能力和行为。按照系统论角度分析,交通系统功能分为交通系统运输功能、交通系统服务功能、交通

系统战备功能、交通系统附属功能四大部分。各大组成部分都包含相应子系统，子系统又具有相应功能，不同子系统之间存在着复杂的联系。

交通系统运输功能：包括客运、货运和信息传递3个功能。

交通系统服务功能：包括停靠功能（停车场、飞机场、码头、车站）、收费功能（收费站）和后勤保障功能（加油站、维修站等）。

交通系统战备功能：包括应急起降功能（高速公路、快速路）、兵站服务功能（服务器、车站）、战储功能（交通枢纽）和防空功能（地铁、隧道）。

交通系统附属功能：包括美化功能、应急功能、促进功能（经济、科技）、引导功能和其他功能。

3. 系统功能的特性

易变性。与系统结构相比，系统功能是更为活跃的因素。一个系统对外部条件发挥功能，总要遵循一定的规律，表现为一定的秩序。随着环境条件的不同，将相应地引起系统功能的变化。一个系统的结构在一定的阈值内总是稳定的，但其功能则不同。当环境的物质、信息、能量交换有所变动时，系统与环境的相互作用过程、状态、效果都会随着环境的变化而变化。因此，系统发挥功能的过程，随着环境条件的变换而相应地调整其程序、内容和方式，不断促进系统结构的变革，以使系统不断获得新的功能。

相关性。系统功能与系统结构一样也存在着相关性。在一个大系统内部，其要素之间的相互作用本来是属于系统结构关系，但是如果把每个要素或子系统作为一个系统整体来考察，则子系统之间均相互作用并转化为独立子系统之间的功能关系。

4. 交通系统功能需求

第一，智能化需求（智能公交、智能汽车、智能交通）。

第二，物联网技术需求（物联网技术融入交通系统）。

第三，文化建设需求（长久性、发展性）。

第四，"绿色交通"需求。

（二）交通系统功能分解

功能分解是对复杂系统进行分解的核心问题，是一个自上而下的过程，上层功能与下层功能之间是一对多的映射关系。

系统功能具有可加性和不可加性,从而有功能可加系统和功能不可加系统之分功能可加系统又具体分为功能完全可加系统和功能不完全可加系统,并认为对功能完全可加系统而言,总系统某一功能最优化的条件为各子系统同一功能的单独最优化,且各子系统实现这一功能是完全独立的,没有任何耦合关系。此时,总系统单个功能的优化只是形式上把子系统的同一功能联系在一起,总目标是各分目标的增函数,分目标之间没有实质上的耦合关系。对功能不完全可加系统而言,要实现系统某一功能的优化,可以从外部对系统施加协调作用,使系统功能达到期望值时,系统状态成功转移到协调状态的总成本最小。

现实中很多系统都是功能不可加系统,如交通运输系统,这类系统的功能也更加复杂,从系统内的单个子系统来看,并不是最先进的,但系统的整体性能可能是世界一流的。交通系统的功能分解要根据不同的组分具体分析。

(三) 交通系统功能非协调发展

根据一般系统理论,系统的整体功能可以不同于各要素功能之和,若要素之间协调统一发展,系统的整体功能会大于系统中全部要素之和。

系统功能的非协调发展的形式有以下几种。

相互吸收、相互抵消而使某种属性消失。在自然界,当相互吸收或相互抵消的事物相遇,两者本来的属性、功能就会弱化以致消失,或者其中一种事物的属性或功能会弱化以致消失,如旧轮船拆卸回炉与旧轮船之间的关系就是吞食关系。

一方对另一方形成制约关系。系统的形成和解体,与内部要素之间的生克制化的运动有密切关系。"生"则系统发展壮大,"克"则系统削弱瓦解。"克"不是简单的数量关系,而是复杂的性能关系,如交通系统给环境带来的污染、噪声等。

内部要素之间的掣肘、磨损而导致某种功能的消减退化。构成要素之间的牵扯、对立、离心、抵触、排斥现象十分普遍,其结果必然消减正常的结构功能,如交通子系统的恶性竞争会导致某一子系统功能消减。

要素之间缺乏联系中介或信息沟通而不能形成有机的协调功能。实践证明,聚合到一起的事物,不一定能形成有机的整体和产生整体的功能。有些异类事物虽然在空间上拼接到了一起,但是由于没有中介物质或缺乏信息沟通而无法相互融合渗透,无法形成整体,也就产生不出"大于"功能。

局部薄弱环节限制或破坏总体功能的发挥。系统结构间各部分的配合和协调是系统功能发挥的保证。某一局部出现薄弱环节,会不同程度地影响系统的整体功能,如"木桶效应"。特别是关键环节弱化,会引起整体功能的全线崩溃。

(四) 交通系统功能分析方法

系统功能分析方法是通过分析系统的功能及其作用进而认识系统特性及内部结构的一种科学分析方法。其主要目的是更有效地应用该系统,充分发挥其作用。

由于任何一个系统的功能既与系统内部结构有关,又与环境有关,因此,功能分析可从两个方面进行。

从功能与结构的关系中分析系统功能。一般来说,结构决定功能。当组成要素不同时,系统有不同的功能,如客运和货运具有不同的功能;当要素相同而结构不同时,系统有不同的功能,如公交和小汽车(都由碳原子组成)具有不同的功能;不同层次的结构,有不同的功能,如城市客运交通系统与城市公交子系统就有不同的功能;同一功能,还可由不同的结构来表达和实现,如公共交通既可是汽车,也可是电车。

从系统与环境的关系中分析系统功能。由于系统与环境发生着物质、能量和信息交换,因此可从输入和输出分析系统的功能。输入说明环境对系统的影响,但是变换和输出不仅能反映输入的影响,而且也能反映系统结构和调节机制的作用。系统的输出必须适应环境的需求,如果不适应,还要反作用于系统,改变系统的功能。

功能分析应与结构分析相互结合,这样才能达到全面认识系统的目的。为此,系统功能的分析方法一般有以下两种。

1. 要素－功能分析法

系统是由要素构成的，不同的要素构成不同的系统，从而形成系统在功能上的差别，因此在对系统进行功能分析时必须研究要素对系统功能的影响。要素的数量不同，可能决定系统功能的差别；要素的质量不同，也会影响着系统的功能。通过对要素的数量和质量的分析来研究系统功能的方法，称为要素－功能分析法。

2. 环境－功能分析方法

环境的不同也会引起系统功能的变化，或者影响系统功能的发挥。根据系统与环境相互关系的原理，分析环境变化对系统的影响，以及系统功能随着环境而变化的系统分析方法，称为环境－功能分析法。一方面，功能适应环境；另一方面，环境选择功能。通过这种相互关系的分析，人们可以改善环境，充分发挥系统功能的作用。同时，为了适应环境，不断变换系统功能而选择最优功能。

二、交通系统环境分析

（一）系统环境的界定

系统是一个相对概念，系统本身可能是另一个更大系统的组成部分。因此，一个特定的系统不可能包罗万象，它与别的系统之间总要划出一条界限，这个界限就是系统边界环境是存在于系统边界外的物质的、经济的、信息的和人际的相关因素的总称，系统环境既包括比原系统更高层次的更大系统，又包括系统周边的其他系统，同时包括系统周围的其他系统。任何具体的系统作为整体，都不是孤立存在的，它同外部环境处于互相联系、互相作用之中，系统离不开环境。

系统环境不同于系统资源，资源是系统内部进行工作的手段，包括物资、人力和信息资源。系统本身能对它加以控制、转换并提高其利用率。而系统环境独立于系统控制之外，包括技术、经济和社会等由外部条件构成的对系统的约束，直接或间接地对系统运行产生不同程度的影响。

系统环境的界定有以下几种：

1. 集合论定义

在集合论中，一个系统作为由若干要素构成的、具有特定属性和功能的集合 S，其补集，即集合 S 以外的所有要素（或系统）的总和就是该系统的环境。这个定义突出了环境的无限性特征，把系统之外的全部事物和关系都包括在环境的概念之中，表面上最为客观、全面和完备，但实际上却对揭示环境的本质以及系统与环境的关系作用不大。

从形式逻辑的观点来看，环境如果是一个无限集合的概念，则其外延最大而内涵最小，并不能提供多少有价值的信息。因此，对无限环境的认识只能通过具体的、有限环境认识的逐步深化来实现，没有对无限环境的简化与抽象，事实上也就无法把握环境。

2. 主体论定义

主体论定义是从系统研究者的主观方面，如研究目的、价值标准、认识水平、心理因素等去理解和规定环境的，如把系统的环境理解为广义环境直接是我们感兴趣的东西。环境主体定义反映了人们对环境认识的相对性，反映了人类实践活动范围的有限性。但是，过分强调环境概念的主体性也有其片面性，因为它没有触及环境客观本质及其内在属性等界定环境所必不可少的内容，因而也不能称之为最严格可靠的环境定义。

3. 关系论定义

系统理论的一个显著特点在于综合研究各种事物之间相互制约和相互作用的关系。通过对关系的性质、类型和关联程度的研究，区分出事物之间的有机联系与无机联系、内部联系与外部联系、强相互作用与弱相互作用，进而把具有内部有机联系、表现为强相互作用关系的诸要素的总和称为系统，把与系统只有外部无机联系、表现为弱相互作用关系的要素总和称为该系统的环境。从系统与环境的关系入手定义环境，具有突出的辩证色彩。

4. 熵流论定义

系统理论以开放系统作为研究对象，认为任何系统的存在和演化都依赖于同环境不断进行物质、能量、信息的交换。从交换的方向分，把系统从环境中获取物质、能量、信息的过程称为系统的输入，表征环境对系统的作用。

从交换的性质分,凡是有利于提高系统有序性或组织性的输入都称为负熵流,是系统存续和发展的基本条件;而对系统的稳定性、有序性起干扰破坏作用的输入称为正熵流,是系统通过输出加以排斥和克服的对象。在实际的系统输入过程中,负熵流和正熵流往往交织在一起。

所谓环境,可以看成是"系统的一切可能输入的集合"。这一定义具有形式简洁、范围明确、动态处理、建模方便等特点,因而在系统理论中被广泛采用。

5. 层次论定义

系统具有等级层次性,这就是系统理论的基本观点。系统与环境的关系是特定系统与更大系统的关系环境就是从更大系统中除去特定系统以外的其余系统的总和。这一定义较之熵流定义,突出了环境的实在性和整体性,具有特殊的价值,因而在系统理论中经常被使用。

系统环境是多种多样的,从时间顺序上可以分为过去环境、现实环境和未来环境;从空间地域上可以分为国际环境、国内环境和地区环境;从层次上可以分为宏观环境、中观环境和微观环境;从自然和社会角度可分为自然环境、社会环境和文化环境等。

(二)交通系统与环境的关系

系统和环境之间的相互影响,主要是通过物质、能量和信息的交换引起的。由于客观世界本身是一个多层次的大系统,某一系统的环境实际上是由另一些系统组成的,所以系统和环境之间的交换关系可以归纳为系统和系统之间的交换关系。

由于一个系统对另一个系统的输入、输出起的作用不同,因而系统之间存在的关系就不同。归纳起来,系统之间存在以下4种关系。

1. 互依关系

如果甲系统需要的某种物质、能量或信息是由乙系统的输出供应的,那么甲、乙两系统之间的关系称为互依关系。例如,交通运输系统和国民经济系统之间就是一种互依关系,

2. 竞争关系

如果甲、乙两系统需要同一种输入，且都是由丙系统的输出供应的，或者丙系统需要的某种输入是由甲、乙两系统的输出供应的，且甲、乙两系统之间再没有其他物质、能量或信息的交换关系，那么，甲、乙两系统之间的关系称为竞争关系。

系统之间的竞争可能导致两种不同的结果：一种是竞争促进了系统竞争力的提高，使系统的功能不断得到改进；另一种是导致竞争力弱的系统功能下降、瘫痪甚至崩溃。了解了竞争系统之间的这种关系以及竞争可能产生的后果，就要充分利用竞争有利的一面，并对竞争施以适当的控制，防止不良竞争后果出现。

运输系统之间的竞争关系表现为在运输系统中各种运输方式之间的可代替性，由此产生了各子系统之间的竞争关系。

3. 吞食关系

如果甲系统的输入是乙系统本身，而且乙系统进入甲系统之后，经甲系统的变换作为原系统的基本属性完全消失，那么甲、乙两系统之间的关系称为吞食关系。甲系统称为吞食系统，乙系统称为被吞食系统。

4. 破坏关系

如果甲系统的输出传给乙系统，或者甲系统掠取乙系统的组成元素作为自己的输入后，削弱了乙系统的功能，或者导致乙系统瘫痪甚至崩溃，那么甲、乙两系统之间的关系称为破坏关系。例如，交通运输系统给自然环境系统带来的污染、噪声等，就是对自然环境系统的破坏。

（三）交通系统环境具体分析

系统环境分析是从环境的构成、结构、作用和转化等方面研究系统和环境关系的方法。任何一个系统都不能脱离一定的环境条件而孤立存在，系统环境分析就是根据系统与环境的这种相关性，分析系统对环境和环境对系统的作用情况系统环境不仅对系统的性能等提出某些要求，而且有时环境条件的参数还作为系统的输入参数、信息和系统运行的外部约束条件。系统环境分析主要是研究影响系统的主要因素、分清系统与环境之间的关系、如何为系统的发展确定良好的环境条件并使它们协调发展。

因为系统自身的复杂性、系统环境的复杂性以及两者之间相互作用的复杂性,所以系统的环境分析也比较复杂,往往需要从多角度、多层级来综合分析,这样才有可能找到使系统优化的条件和改善系统环境条件的有效措施,以提高系统对环境条件的适应性。

1. 交通系统环境分析内容

一般来说,在分析交通系统和环境之间的相互影响时,可以从以下4个方面着手。

如果系统和环境是互依关系,那么环境对系统的输入或系统对环境的输出是否稳定可靠。一个系统要正常维持系统的功能,环境必须对系统提供正常的输入和正常地接受系统的输出,即环境对系统的输入与系统对环境的输出都要保持稳定,包括数量的稳定和质量的稳定,在考虑改建和新建系统时必须充分考虑这个问题。例如,在考虑新建或扩建某个港口的时候,就必须考虑该地区经济的发展、货运量的变化、腹地(消费地和生产地)的性质、地理条件、建港技术的发展和腹地城市的要求等,以此来考虑是否要建以及建多大规模不考虑这些因素,盲目开发建设,就很可能会因为没有稳定可靠的输入输出作保障而导致系统不能正常执行其功能。

在环境包含的各个系统中是否和新建或改建的系统有竞争关系。由于系统之间的激烈竞争可导致竞争力弱的系统瘫痪甚至崩溃,所以在规划和设计新的系统或改造原有系统时,必须控制好系统的规模,或者在更高层次内协调这些竞争系统和环境之间的关系,认真做好系统之间输入、输出的综合平衡工作。过去,在我国的经济建设中,综合平衡工作是很有成绩的。但后来一度出现了不少盲目建厂和重复建厂的现象,造成某些工厂和企业原材料、能源和设备供应不足,不能全部开工或营业,某些产品又由于超过需求而大量累积。目前在经济调整中对某些工厂和企业进行改革,正是为了恢复综合平衡,使各个系统的输入和输出都能保持相对稳定。

环境对系统提供输入或系统对环境提供输出时是否存在破坏关系。国民经济的发展依赖于交通运输业的发展,交通运输业的发展反过来又促进了国民经济的进一步发展。然而，交通运输设施的建设对环境造成一定的影响：港口设施会引起海流的变化、海岸坍塌，并对水生物等有影响；交通设施造成的环境污染、噪声和振动等。因此，无论是在新建还是在改建一个系统，或是在设计或管理一个系统的时候，都要对系统时能产生的破坏作用予以充分的估计，并加以认真的防范。

环境与系统之间是否存在吞食关系。如果系统和环境之间存在吞食关系，那么就必须充分注意系统的吞食强度和环境的再生能力之间的关系，力求两者之间保持平衡。

2. 交通系统环境分析方法

环境分析的任务就是要从众多具体的研究方法中，归纳、概括和抽象出研究环境的一般原理和方法，形成具有普适性的分析模式。不同的环境问题需要采取不同的研究方法，即使是同一问题，由于研究角度、学科的性质不同，也会采取不同的方法，具体有以下5种分析方法。

(1) 多元分析

环境的基本特征是无限性，即构成环境的事物是无穷无尽的。要揭示系统与环境之间的关系，首先需要对无限的环境因素做出划分和归类，使无限的问题有限化，进而分门别类地研究系统与各环境因素的关系。这种分类研究系统与环境关系的方法称为多元分析。

多元分析所要解决的问题包括：

①根据系统的性质、作用和对环境的依赖程度确定研究环境的范围；

②对众多的环境因素加以分类，确定环境的基本构成要素；

③通过对现有科学理论和方法的综合应用，从不同侧面揭示系统与各环境因素之间相互作用的性质、类型、特点以及作用规律。

多元分析是环境分析的基础，由于系统和环境都是多种要素构成的，只有通过多角度、多层次、多学科的交叉研究，才能全面完整地把握系统与环境关系的全貌，从而进一步为研究系统与环境间整体的相互作用和相互转化规律奠定基础。

(2) 圈层分析

环境是由无限因素构成的整体，相对于某一中心事物或特定系统而言，各个环境因素的地位和作用各不相同，形成了不同的圈层（或等级）。揭示环境结构的圈层性和圈层在事物（或系统）发展中作用的波动性，是圈层分析的基本内容。

圈层分析包括：

①研究环境整体的圈层划分，揭示不同圈层因素在环境整体中的地位和作用；

②研究同一圈层各环境因素间的关系；

③研究环境圈层的波动情况和波动规律。

圈层分析在多元分析的基础上研究环境质的规定性，揭示环境整体性质、结构特征，为进一步分析系统整体与环境整体间的相互作用提供了依据。

(3) 作用分析

多元分析和圈层分析基本上是静态研究系统与环境关系的方法，要把握系统和环境相互转化的动态过程，需要研究系统与环境相互作用的性质和方向。

从作用性质分，系统与环境的相互作用有以下 4 种情况：

①环境的正作用，即环境对系统的作用有利于系统的存在和发展；

②环境的负作用，即与系统发展方向相反的环境作用；

③系统的正效应，即系统对环境的变化发展起积极的促进作用；

④系统的负效应，即与环境变化发展方向相反的系统作用。

在现实联系中，正负作用、正负效应往往是交织在一起的。

作用分析有助于揭示系统形成和发展的外部动力、条件、阶段以及发展趋势，把握环境在系统发展不同阶段的地位和作用。

(4) 转化作用

系统与环境的相互作用导致系统和环境的变化发展，研究系统与环境变化的关系是转化分析所要解决的课题。

突变理论为研究系统与环境变化关系提供了有益的启示和方法。

①既然渐变与突变存在于一切事物的发展过程中，那么对系统与环境变化关系的研究应该从分析渐变与突变的性质入手。对系统而言，系统的渐变是系统结构和功能完善过程，而系统的突变则是系统结构和功能的质变过程；对环境而言，环境的渐变是环境构成和圈层结构稳定的情形，而环境的突变则反映了环境构成要素的重组和环境圈层的波动。

②环境的变化能导致系统的多种演化方式：一种是环境渐变引起系统的渐变和突变；另一种是环境突变导致系统的渐变和突变。

③系统演化也会对环境产生多种影响。系统结构或功能的变化能导致系统与环境相互作用性质和方向的改变，在一定程度上决定着环境变化的性质和方向。

转化分析把系统演化与环境变化联系起来研究，以揭示转化的性质、形式、途径和方向，有助于揭示系统与环境转化的规律性。

(5) 比较分析

环境分析中的比较分析是研究系统与环境关系的比较方法。比较分析分为静态比较和动态比较两种方法。静态比较从系统的结构和功能上研究系统与环境的关系，包括：

①对同一功能系统的不同环境条件下作比较研究，揭示环境对系统结构的影响；

②对同一环境条件下不同系统的功能作比较分析，揭示系统的选择与优化机制。

动态比较是从不同环境变化过程中揭示不同系统演化和发展的特点和规律。

比较分析把比较方法同环境分析结合起来，解决如何比较、比较的原则和方法等问题，有助于开阔思路，全面认识系统与环境的关系。

第三节 交通运输需求与供给分析

一、交通运输需求分析

（一）交通运输需求的概念

1. 需求及需求法则

需求是指针对某种商品或服务，在一定的时间内，对于每一种可能的价格，消费者愿意并且具有支付能力的购买数量。

需求在经济学中又被称为有效需要，所谓"有效"是说除了有购买欲望，还必须要有支付能力。人们想要得到很多东西，都有很多的需要或欲望，但一般而言，人们的需要很难得到完全的满足，除非你愿意并且能够支付你可能想要的东西，否则你的"需要"并不能够成为"需求"。

因此，理解经济学中需求的概念，需要把握以下 3 方面的含义。

第一，需求是和时间密切相关的，不同时间的需求是不一样的。

第二，不同的价格对应不同的需求数量，消费者愿意购买的商品或服务的数量与价格水平密切相关。

第三，消费者必须具有相应的支付能力。欲望人人都有，一个身无分文的流浪汉也想拥有豪宅，但这仅仅是欲望，不能构成需求。

这里需要对两个概念加以区别：需求与需求数量。从需求的定义可以看出，需求包括了在每一种价格下所对应的购买数量。需求数量指的是在其他条件不变的情况下，对于某个具体的价格，消费者愿意购买并能够支付的商品或服务的数量。

与个人需求相对应的是市场需求。市场需求是个人需求的总和，是全体消费者在某商品或服务的各个价格水平下愿意且能够购买的各个可能数量的总和。通常，经济学家讨论的是市场需求。现实生活中，企业不关心作为个人的顾客 A 或顾客 B 是否真正购买他们的产品，企业关心的是市场需求，即社会上会有多少人购买他们的产品。

需求可以用需求表来表示（常用的形式还有需求函数和需求曲线，后面会对它们进行讨论）。所谓需求表是一个价格和需求数量的二维表格，表明价格和数量的一一对应关系。

需求告诉我们在各种不同的价格水平下消费者会购买的数量；需求数量告诉我们，在某个特定的价格水平下消费者会购买的具体数量。

价格是市场调整个人欲望并限制人们需求数量的工具。当商品稀缺、价格高涨时，随着价格上升人们的购买数量会减少；当商品充足、价格下降时，随着价格下跌人们的购买数量会增加。"看不见的手"——价格机制会确保人们的需求与可获得的商品相匹配。

经过科学观察和研究，经济学家发现上述现象具有普遍性，因此人们总结归纳出称为需求法则（Law of Demand）的规律：在其他条件不变的情况下，商品的需求数量与商品价格成反比。

需求法则揭示了商品需求数量随价格上升而下降的趋势。那么需求数量为什么会随价格的上升而下降呢？原因有很多，其中最重要的有以下两点。

第一，替代效应。替代效应指的是当某一物品的价格上升时，消费者倾向于用其他物品来替代变得较为昂贵的该种物品，从而更便宜地获得满足。

很多物品之间具有可替代性，当一种物品的价格上升时，我们会用其他类似的物品来替代它，从而减少了对原来物品的消费量（当然前提是可替代物品的价格没有变化）。例如禽流感的流行导致了鸡肉供应的短缺从而使鸡肉价格上涨，这时人们会转而增加牛肉或猪肉的消费从而减少对鸡肉的购买。

第二，收入效应。收入效应指的是物品价格变化通过对消费者实际收入的影响，进而影响消费者对该物品的需求数量。

当价格上升时，尽管人们的收入没变，但会发现实际收入降低了（实际收入指货币能够购买到的物品的实际数量），人们的钱不再足以购买以前的数量，自然会减少消费开支

2. 客运需求及类型

旅客运输需求简称客运需求，是指针对某种旅客运输服务，在一定的时

间内，对于每一种可能的价格，消费者愿意购买并能够支付的人员位移服务数量。

在现代社会，人们的社会活动频繁，活动的地域范围广阔，除个别近距离者可以步行以外，一般要利用各种运输工具作为代步工具，所以旅客运输活动派生于人类的出行活动。旅客按照其需要在一定时间和空间范围内，沿运输线网上一个方向的流动形成客流。衡量客运需求的指标有 4 个：客运流量、客运流向、客运流程和客运流时。

第一，客运流量。客运流量是旅客运输需求的规模大小和数量的多少，通常用两个指标来表示：一个是旅客运输量（简称客运量，单位为人）；另一个是旅客运输周转量（简称客运周转量），定义为旅客运输量与相应的运输距离的乘积，以人公里来表示。

第二，客运流向。客运流向是旅客空间位移的地理走向，即从何处来，向何处去。

第三，客运流程。客运流程是旅客运输的距离，指旅客进行空间位移的起讫点之间的空间长度，一般用 km 来计算。

第四，客运流时。客运流时是旅客运输需求提供服务所需的时间，可以用出发时间和到达时间来表示。

3. 货运需求及属性

货物运输需求简称货运需求，是指针对某种货物运输服务，在一定的时间内，对于每一种可能的价格，消费者愿意购买并能够支付的货物位移服务数量。

货运需求是交通运输需求中的一种类型，也具有交通运输需求的基本特征，包括非物质性、派生性、时空特定性、广泛性、多样性、部分可替代性等。对于货运需求的属性从 4 个方面加以考察：货运流量、货运流向、货运流程和货运流时。

第一，货运流量。货运流量表明货运需求的规模大小和数量的多少，一般以货物运输量（简称货运量，单位为 t），或者货物运输周转量（简称货运周转量，单位为 t·km）表示。

第二，货运流向。货运流向是货物空间位移所形成的路径走向。

第三，货运流程。货运流程指货物进行空间位移的起讫点之间的空间长度，一般用运输距离（简称运距，单位为 km）来表示。

第四，货运流时。货运流时是为货运需求提供服务所需的时间，一般用起运时间（货物运输服务开始的时间）和运达时间（货物运输服务结束的时间）表明满足运输需求所需的时间。

（二）交通运输需求的特性及与社会经济活动的关系

1. 交通运输需求的特性

交通运输需求是指在一定的时期内、一定价格水平下，社会经济生活在货物与旅客空间位移服务方面所提出的具有支付能力的需要。交通运输需求特性主要有以下 5 个。

（1）广泛性

现代人类社会活动的各个方面、各个环节都离不开人和物的空间位移，运输需求产生于人类生活和社会生产的各个角落。运输业作为一个独立的产业部门，任何社会活动都不可能脱离它而独立存在，因此与其他商品和服务的需求相比，运输需求具有广泛性，是一种带有普遍性的需求。

（2）多样性

运输需求不仅仅是一个量的概念，它还有质的要求，安全、速度、方便、舒适、满足物流效率的要求等是运输质量的具体表现。运输服务的供给者必须适应运输质量方面多层次的需求。

（3）派生性

在经济生活中，如果一种商品或劳务的需求由另一种或几种商品或劳务需求派生出来，则称该商品或劳务的需求为派生需求。引起派生需求的商品或劳务需求称为本源性需求。派生性是运输需求的一个重要特点。显然，货主或旅客提出位移要求的目的往往不是位移本身，而是为实现其生产、生活中的其他需求，完成空间位移只是中间一个必不可少的环节。

在人类社会中，对食物和住所的需求是一种源需求，而运输需求是一种非源需求，是派生需求。一般情况下，运输需求是由社会源需求引起的需求,即人们不是为了出行而出行,出行本身并不是出行的目的。他们使用交通系统,是为了能够参加他们在旅程终点的各种活动。

(4) 空间特定性

运输需求是对位移的要求,而且这种位移是运输消费者指定的两点之间带有方向性的位移,也就是说运输需求具有空间特定性。运输需求的这一特点,构成了它的两个要素,即流向和流程。

(5) 时间特定性

客货运输需求在发生的时间上有一定的规律性,例如,周末和重要节日前后的客运需求明显高于其他时间,市内交通的高峰期是上下班时间,蔬菜和瓜果的收获季节也是这些货物的运输繁忙期,这些反映在对运输需求的要求上,就是时间特定性。

2. 交通运输需求与社会经济活动的关系

交通运输对社会经济的发展起一定的作用。交通运输需求是社会需求系统中的一个元素。

社会需求是社会经济活动的动力,而社会经济活动的总供给能力又限制了社会总需求的膨胀。通过流通领域,社会需求与社会总供给得到了阶段性的协调。

交通运输是流通领域的一部分,交通运输生产是一种社会经济活动,满足社会对交通运输的需求,这些需求包括以下4个。

(1) 经济发展产生交通运输需求

良好的运输系统是获得经济发展的先决条件。因为运输活动是生产与消费过程中不可分割的一个部分,如果没有有效的运输,这两种活动就难以实现。运输活动是社会生产的最一般条件,一个地区的运输发展程度可以用来衡量这个地区的社会经济发展程度,因此区域经济发展必然产生更大的交通运输需求。

(2) 物价稳定与平衡的交通运输需求

如有甲、乙两地,如果它们之间运输通道的能力是无限的,那么,甲、乙两地的物价将达到稳定。设甲、乙两地之间的运输费用为 C,某货物 A 产于甲地,其价格为 $P_甲$,那么在乙地,这种货物的稳定价格为 $P_乙 = P_甲 + C$,这样乙地对货物 A 的需求可以充分满足。如果这两地之间没有便利的运输,那么乙地的货物 A 的价格将随着从甲地运送到乙地的货物数量的变化而产生巨大的波动。因此,稳定的平衡物价产生交通运输需求。

(3) 社会分工与交通运输需求

社会分工越细,对运输的需求越大。从经济学中我们知道,分工程度高,生产费用会减少,但流通费用会增加,而且流通费用比分工程度增加得快。当实际交通运输需求量小于最优社会经济结构下的交通运输需求量时,说明社会分工度还可以更细,产品的总成本还要降低。若实际交通运输需求量大于最优社会经济结构下的交通运输需求量,则说明分工太细,生产力布局不合理。

(4) 商品社会效用与交通运输需求

商品的社会效用是指产品的社会消费效果。不同的商品,其效用是不一样的,即商品的使用价值上有差异。即使是同一种商品,时节不同和地区不同,它在这个区域上的社会效用就不同。为了调节这种社会效用,得到更多效用高的商品,使商品的社会总效用最大,这就产生了交通运输需求。

二、交通运输供给分析

(一) 交通运输供给的概念

交通运输供给是运输供应商在特定的时间、空间内,在各种可能的运输价格水平上,愿意并能够提供的运输产品和服务。

运输供给在市场经济中的实现必须同时具备两个相互关联的条件:一是运输供应商有出售运输产品或提供运输服务的愿望;二是运输供应商有提供某种运输产品或运输服务的能力。这两个条件是缺一不可的。

根据运输对象、运载工具方式以及位移起讫点的不同组合形成了不同种类的运输服务。运输供给提供的是一种位移服务,既包括运输对象的位移,也包括运载工具的位移。运输供给一般包括数量、方式、布局、管理体制和运价 5 个方面的内容。

运输供给的数量通常用运输设备的运输能力来表示，以说明运输供应商所能提供的运输产品的数量和规模。

运输方式是指公路、铁路、水路、航空和管道5种运输方式。由于各种运输方式具有不同的技术经济特征，因此不同运输方式呈现相互区别的供给特点。

运输布局是指各种运输方式的基础设施在空间的分布和活动设备的合理配备及其发展变化的状况。它是运输供给结构合理化的物质技术基础，是实现运输供给体系现代化、建立综合运输体系的物质保证。

运输管理体制表明了交通运输业发展的结构、制度、资源配置的方式以及相应的政策、法规等。

运输价格是运输单位货物或每位旅客所需的费用。

(二) 交通运输供给的特点及影响因素

1. 交通运输供给的特点

供给函数在经济中定义为供给者在市场上以某一价格愿意提供的货物运输服务。因而它和需求函数一样，也是描述价格和货物量之间的关系。这一定义在经济分析中很适当，因为其中价格确实是影响消费最重要的供给变量。然而在交通系统中，供给却有其特殊性。

在交通系统中，有时供给者并不十分明确，因而不便于清楚地研究供给者行为。例如，在城市间的公路运输中，在这样大的、集结的规模下，对任何特定的交通行为都无法识别给定价格下的适当的能力供给者。实际上，对公路运输而言，如果不收过路费，公路的使用者是通过税收等间接地支付费用。

在交通系统中，供给的一些非货币特征相对于运营者收取的价格来说也是非常重要的。在很多运输方式中，运行时间都是供给中最重要的一个因素。经济学理论中并没有提供现成的和满意的分析运输供给中诸多特征的方法，而诸如运行时间、运输服务的可获得性等因素对于使用者来说更为重要。

很多确定交通运输供给的特征是使用者而不是供给者行为导致的结果。

很多直接影响交通流的运输服务水平和重要特征取决于使用者如何使用已有的运输系统，而不能认为是仅由供给者决定的供给特征。例如，在城市交通中，运行时间主要由使用者的路径选择所决定。在农村公路系统中，运行时间和车辆成本主要取决于速度，这在很大程度上是由司机制约的。

从上述交通运输供给的特点来看，将运输供给严格限制在经济学中，即理解为一定价格下的市场货运服务供应量的概念是不合适的。为了进行需求分析和交通量预测，我们考虑由一组真正发生的、对运输活动的特征和数量有影响的运输系统特征来定义供给。这一推广超出了以货币表示的运输成本和价格，它包括了其他直接或间接地代表消耗在运输中的资源的特征，尽管它有时无法定量或转化为货币成本。这一组特征的选择依赖于所考虑的不同运输方式。因而在城市小汽车交通系统中，运行时间、成本、延候、停车费和时达性等就足以描述运输供给了。而在航空客运中，运行时间、票价、地面交通费、机场延误、机型、服务频率、时刻表、服务质量等是运输供给的必要描述量。没有必要遵循统一的模式给各种运输方式定义供给，这样的统一模式容易复杂化并且有可能忽略运输分析的重要特征。

2. 交通运输供给的影响因素

交通运输供给特征的改善有赖于以下 4 个主要影响因素。

（1）技术

运输系统的技术特性影响它的行为。特别是系统的运营成本在很大程度上取决于所使用的技术类型。运输的能力和速度也直接受技术的影响。

（2）运营策略

用技术来提供运输服务的方式，即运营策略，取决于运营者的行为和目标。例如，为了适应交通量的增加，系统扩能策略对于像航空、铁路这样按时刻表运行的系统来说对供给特征的影响很大。运营者的行为也决定了运营成本被还原的程度及还原的方式。这是将运营成本转化为使用者成本（函数）的一种价格机制。

（3）政策机构的要求和限制

运营策略和价格政策常常要受到政府的调节和限制。例如，在一个被调节的运输系统中，运营者能够使用的价格政策可能是由政策机构制定的，有时使用的设备类型也由政策机构确定。市场结构也可能会产生类似的影响。例如，在竞争和垄断的情况下可能有不同的价格政策。

（4）使用者行为

交通运输供给的有些特征取决于运输系统中使用者的行为。货主选择的运输服务方式常常决定了货运总成本，货主可选择不同的存储量、批量、频率和包装方式。市内旅客也可以通过选择路径、速度以及交通工具来影响供给特征。

为了弄清楚它们之间的相互关系，必须认清供给者、运营者、使用者和调节者之间存在的功能层次关系。这一功能层次从供给者开始，它的技术基础决定了要提供的运输类型，接着是运营者，它依据交通量和系统环境运用调节这种技术，最后，使用者接受这种运输服务。所有这三者的行为都受调节者的影响。这一功能层次也适用于成本和其他服务水平特征。供给者的成本将影响运营者的成本，运营者的成本将影响使用者的成本。所有这些成本，以及它们之间的关系都受第四种因素——调节者的影响。

第四节 交通运输供求平衡分析

一、均衡理论

（一）均衡的内涵

"均衡"一词起源于物理学，之后逐步被经济、政治、军事、文学、心理、教育、化学、艺术等各学科、各行业在表述两种对立事物的一种微妙状态时广泛应用。经济系统中的均衡状态指的是一种稳定状态。由系统科学得知：稳定是系统存在的前提。经济系统并非一成不变，随着其发展，会因某些因素偏离了原有的均衡，并使不均衡波及整个系统，然后通过克服阻力，最终使系统找到了一个认为最优的均衡点，达到了新的均衡状态。经济社会正是在均衡到不均衡再到均衡的循环运动中进步和发展的。

交通系统是一个内外交互作用、环境复杂、因素众多的开放型大系统，因此，交通系统的均衡受到多种因素的复杂作用，是一系列动态的平衡过程。

交通系统的均衡包含：运输市场均衡；用户均衡；运输经营者均衡；供需均衡。

为了研究方便，给在运输系统分析研究中所关心的系统定义了以下 3 个基本变量：

T——运输系统，即运输系统的设备、运输方案；

A——活动系统，也就是与运输系统相关的社会经济系统的活动形式；

F——运输系统中流的形式，包括流的起点、终点、路径和通过系统的客货流量。

这 3 个变量之间有以下三种相互关系：

第一，运输系统中流的形式由运输系统和活动系统来决定；

第二，现行流的形式随着时间将引起活动系统的变化：通过所提供的运输服务和这些运输服务所消耗的资源；

第三，现行流的形式也引起了运输系统的变化：相应于现有的或预测的流，企业或政府要发展新运输服务设施或改进现有的供给服务。这些相互作用关系是通过"均衡"来定量描述的。

（二）供需均衡与短缺

在完全自由竞争的市场经济中，运输市场均衡左右着运输系统内外部关系。但是，对于有一定计划经济的市场和交通运输这样的基础设施建设，还有运输短缺的因素在其中发挥着相当的作用。

短缺作为需求与供给差异的一种表征，反映了一定经济条件下生产不能满足需求的滞后现象。在我国运输领域中短缺现象极为明显，几十年来运输领域长期不适应交通运输需求的增长。这种运输短缺不仅表现为数量上的不足，也表现为运输质量的下降，运输短缺在宏观控制中的作用主要表现为以下几个方面。

短缺作为供给约束，制约经济的增长。运输短缺表明了许多地区得不到足够的物资补给，自身的产品不能送到市场，而使经济蒙受损失。但经济系统由于其活动的自组织功能，在一定程度上对运输短缺有消化能力，如技术进步、产业结构的调整、地方市场的开拓等，因此仍能保持一定的增长势头，但这些调整是要付出一定代价的。

短缺作为非价格信号影响着运输的投入。在我国交通运输发展中这种作用很普遍由于实行对外开放，沿海港口能力严重短缺，"六五"沿海港口建设出现高潮。华东煤炭运输短缺压力甚大，使大秦线、华东技术改造等项目加速建设。我们可以看出，影响运输资金分配的重要信号之一就是短缺。

短缺越严重，投资计划被接受的可能性就越大。对于投资决策，短缺信号的作用有一个时间延迟，同时存在一个容忍阈值，即当只有短缺达到或超过一定限度后，才会引起投入的增加。

运输短缺作为一个局部信号，会引起运输需求在不同交通运输方式中实现替代或转移。

交通系统是一个多种运输方式构成的综合运输体系，某种运输方式的短缺，将引起运输需求在运输方式中的转移，这种需求的转移将引起运输投入分配的变化，也会改变运输系统的格局。

二、弹性理论

（一）弹性的概念

弹性的概念最早源于物理学，指的是反应，如一个物体与另一个物体相碰撞时的反应。如今经济学家对弹性概念的使用频度已经不亚于物理学家，同时弹性的信息对于企业定价决策具有非常重要的意义。

我们需要知道需求数量在多大程度上对价格的变化做出反应。例如，观光旅游者对航空票价十分敏感，较大的折扣票价会吸引更多的以旅游为目的的乘客，而商务出行者通常不太关注票价的折扣。又如，一些物品，如食品、燃气等必需品的消费几乎不受价格变化的影响。这些问题可以运用弹性这一重要概念进行分析。

弹性指一个变量对于另一个变量反应的敏感性，用因变量变化率与自变

量变化率的比值进行衡量。若两个经济变量存在某种函数关系

$$Y = f(X) \qquad 式3-2$$

那么弹性公式可以表示为

$$E = \frac{\Delta Y/Y}{\Delta X/X} \qquad 式3-3$$

式中：E——Y 对 X 的弹性；

Y——因变量，ΔY 为因变量 Y 的变化量；

X——自变量，ΔX 为自变量 X 的变化量。

弹性告诉我们的是如果一个变量（自变量）变化1%，另一个变量（因变量）将会发生多大的百分比的变化。因为自变量和因变量有时是负相关的关系（如价格和需求数量），因此弹性的计算有时会出现负值。

另外需要注意，在弹性的计算中，分子是因变量的变化率 $\Delta Y/Y$（而非变化量 ΔY），分母是自变量的变化率 $\Delta X/X$（而非变化量 ΔX）。变化率是无量纲的相对数，变化量是有量纲的绝对数。因此弹性也是无量纲的相对数，与自变量和因变量的度量单位无关。一般而言，如果两个经济变量之间存在某种关联关系，则可以用弹性来表示因变量对自变量反应的敏感程度。

（二）需求价格弹性的影响因素

按照需求法则，价格提高，需求数量下降；价格下降，需求数量提高，两者变动方向相反作为价格与需求数量的乘积，消费者的支出（也就是经营者的收入）随价格如何变化？

要准确分析这一问题，需要区别不同需求价格弹性的商品。价格与需求数量的变动都会影响收益与支出。但当需求弹性不同时，一定的价格变动所引起的需求数量变动是不同的，从而收益或支出的变动也不同。价格变动所引起的需求数量的变动取决于需求弹性的大小，所以当价格变动为既定时，需求弹性的大小就会影响收益或支出。

富有弹性的商品，亦即需求价格弹性绝对值大于1的商品，若价格下降，则因为需求数量提高的比率要大于价格下降的比率，所以消费者的支出会提高，即经营者的收入会增加。

缺乏弹性的商品，亦即需求价格弹性绝对值小于1的商品，若价格下

降，则因为需求数量提高的比率要小于价格下降的比率，消费者的支出会下降，即经营者的收入会减少，

单一弹性的商品，亦即需求价格弹性绝对值等于1的商品，其价格无论提高还是下降，需求数量总在相反方向变动同样的比率，所以消费者的支出不变，经营者的收入也不变。

根据以上分析可以知道，"薄利多销"是有条件的。如果商品富有弹性，那么降低价格，其需求数量增加的比率大于价格下降的比率，总收益得到提高。只有在这种条件下，

才能"薄利多销多收益"。反之，如果商品缺乏弹性，降低价格只能使收益降低。

影响需求价格弹性的因素有许多，归纳起来主要有以下几个。

第一，商品的性质。一般来说，生活必需品，如粮食、盐、日用品等，其需求价格弹性比较小，为缺乏弹性的物品；而奢侈品和耐用消费品，如高级香水、首饰、钢琴、住宅、小汽车等，其需求价格弹性比较大，为富有弹性的商品。

第二，商品替代品的丰富程度。如果某种商品有许多相近的替代品，那么它的需求价格弹性就比较大。因为当它的价格上涨后，人们就会不同程度地将消费转向替代品，而减少购买该商品。例如，当羊肉涨价后，人们就会转向牛肉或家禽肉的消费来满足自己的肉类需求，从而减少对羊肉的需求数量。如果商品的替代品很少，其需求价格弹性就较小同样是食物，鸡蛋的替代品很少，鸡蛋涨价后人们也没有太多的替代选择，鸡蛋的需求弹性就小。

第三，人们对价格变动做出反应的时间长短。通常，商品的长期需求价格弹性和短期需求价格弹性是有区别的，但孰大孰小取决于商品的特性。例如，汽油价格突然上涨，短期内人们不会放弃开车来减少汽油消费，这时的汽油需求非常缺乏弹性。但长期而言，人们可以根据汽油较高的价格来调整自己的消费行为，人们可能会淘汰旧的高耗油的汽车，购买小型节能汽车或电动汽车，也可能放弃开小汽车转乘公共交通工具或骑自行车，这意味着汽油的长期需求价格弹性要大于短期需求价格弹性但对汽车消费而言，短期需

求价格弹性要大于长期需求价格弹性。

第四，商品用途的广泛性。一般来说，需求价格弹性与商品用途的广泛性密切相关。一种商品的用途越广泛，其需求价格弹性就越大；用途越单一，其需求价格弹性就越小例如，电是一种用途较广的物品，当电费价格提高后，人们就会将电用于最迫切需要的地方，如照明、保温等，从而需求数员就会减少；当电费价格下降后，除了日常照明、保温等，人们可能会增加各种各样的用电设备，如电视机、电子烹调设备、电淋浴器等，电的使用范围有较大程度的增加，电的消费量就会大幅上升。

第五，商品在消费者预算支出中所占的比例。商品在消费总支出占的份额越低，消费者对其价格变化的反应就越小，需求价格弹性也越低。例如文具、电池、牙刷等商品，由于它们在消费者的预算支出中所占的比重较低，所以消费者较少计较其价格变化，其需求价格弹性也比较低。

（三）影响运输供给价格弹性的因素

1. 运输设备的适应范围

运输服务就是使运输对象发生空间位移，但由于运输需求的差异性，提供运输服务的运输设备也具有差异性。若运输设备适应运输需求的范围大，则供给弹性就大，反之供给弹性就小。例如，普通货车与油罐车相比，普通货车适合运输的货物种类广泛，在运输市场，因此供给价格弹性较小。

2. 调整运力的难易程度

一般来说，能够根据价格的变动灵活调整运力的运输方式，其价格弹性大；反之，其价格弹性就小。铁路运输方式与公路汽车运输方式相比，前者调整运力困难，供给价格弹性较小，后者调整运力容易，供给价格弹性较大。

3. 运输成本增加幅度大小

如果一种运输服务增加供给引起的成本增加较大，那么其供给价格弹性就小；反之，如果增加的成本不大，那么其供给价格弹性就大。如果旅客运输在座位满员情况下还能超员（如铁路的无座票）运输，即其成本随运量变化而增加的幅度小，那么其供给价格弹性大。相对而言，处于运量饱和的货物运输再增加运量,就需增加运输工具等,因此带来成本增加的幅度大,供给价格弹性小。

4. 考查期间的长短

交通运输是资金密集型产业,具有初始投资大、建设周期长、运力储备风险大等特点,所以不易做到短时间内调整运力,供给价格弹性较小。但从长期考查,运输市场在运价的作用下,供给与需求会逐步趋于相互适应,表明在长期内,运输供给具有足够的弹性。

5. 需求的相对状况

当需求量较低时,通常运输市场供给过剩,因此具有较大的供给价格弹性;当需求量较高时,通常运输市场供给紧张,即使价格上升,也无大量供给投入,因此供给弹性较小。

6. 运价波动的方向

运价朝不同方向变化时,运输供给价格弹性大小亦不同。一般来说,运价上涨时,刺激供给增加,运输供给弹性较大;运价下跌时,供给很难退出市场,只有实在难以维持时,才被迫退出市场,此时供给价格弹性较小。

第四章 铁路运输安全管理

第一节 铁路运输安全管理基础

一、铁路运输安全管理基本概念

（一）安全管理的基本概念

在我国，铁路是国家重要的基础设施、国民经济的大动脉、现代化统一运输网中的骨干和中坚。随着国家经济的发展和国防建设的需要，铁路在运输组织和技术设备方面有了长足的进步，但社会主义市场经济的发展也对铁路运输和安全生产工作提出了更高的要求。

1. 安全生产的含义

安全生产是为了使生产过程在符合物质条件和列车作秩序的情况下进行，防止发生人身伤亡和财产损失等生产事故，消除或控制危险、有害因素，保障人身安全与健康，保证设备和设施免受损坏，保障环境免遭破坏的活动的总称。

2. 安全生产的基本内容

安全生产的基本内容包括：制订劳动保护法规，采取各种安全技术和工业卫生方面的技术组织措施，经常开展群众性的安全教育与培训，安全检查活动和事故的调查、处理等。

3. 铁路运输安全生产的含义

铁路运输安全生产工作是指在铁路运输生产过程中，采取各种行之有效的安全措施，严格执行规章制度，严格遵守劳动纪律和作业纪律，消除生产中的不安全因素，防止人身伤亡事故、行车事故、货运事故。同时，安全生产还包括保护运输设备、机械设备和防火、防盗等保护国家财产的任务。

4. 安全管理的含义

安全管理是一门科学，随着现代科学技术的高速发展，给"安全"二字赋予了新的概念和内涵，它要求人们迅速改变旧观念。安全不是常识，而是一门科学，是一门"既软又硬"的新型科学。日现代工业企业的安全管理体系由三大支柱构成：一是企业安全管理；二是安全工程技术；三是安全教育与培训。这三大支柱就像我国古代的"三足鼎"一样，任何一个支柱发生问题，三足鼎就会发生倾倒。近年来，在产业领域内，许多以控制事故为目的的新理论、新技术、新方法、新科学不断涌现，为确保人们的安全和健康，防止事故的发生，发挥了积极的作用。

（二）铁路运输安全管理的特点

铁路运输与其他运输方式相比，具有显著不同的特点：它在特定的运营线上运行，具有特定的空间性和时间性要求；其生产系统是由多工种组成的"大联动机"，各工种各环节的结合部多，关联度高；运输设备数量庞大、种类繁多；设备布局延续纵深，操作人员岗位独立分散等。铁路运输的这些特点，使其安全管理具有以下特殊性。

1. 安全管理的系统性

铁路运输系统可以看成由静态的站点与干线和动态的列车与人员所构成。其安全管理涉及设备安全、人员安全、车辆安全、货物安全、线路安全等多方面的内容，对于整体的安全而言，其中的每一个单项都很重要，不可单独地看待安全问题，需要将其作为一个紧密的整体来审视和对待。

2. 安全管理的动态性

铁路运输的载体是列车，其本身是动态运行的。相当一部分的安全事故也是发生在运行列车的部分。而随着路网建设的不断推进，其复杂程度也是一个相对动态的状态。

3. 安全管理的长期性和复杂性

铁路运输关系国计民生,且与其他社会部门又有着非常紧密的联系。这就决定了铁路安全管理不只是短期关注的阶段目标,而是长期重视的复杂任务。必须有长远的计划和持续的改进,常抓不懈。稍有废弛则很可能前功尽弃。

4. 安全管理的伴随性

在市场竞争机制下,铁路面临着运输市场巨大的竞争压力,由竞争而引发的安全隐患也在不断增加。

5. 安全管理的艰巨性

随着现代科学技术的发展,铁路运输生产广泛采用高新技术,客运高速化、货运重载化,使铁路各种技术系统的复杂程度不断增加,安全事故的风险性在提高。因而,铁路运输安全管理的艰巨性越来越大。

二、铁路运输安全管理的意义和原则

在当前经济快速发展的背景下,人们的生活质量和水平有了明显的提升,对各个行业、各种不同类型的基础设施建设的要求也越来越高,尤其对于铁路运输行业而言更是如此。在铁路运输行业的发展过程中,出现了一些新技术和新设备,这就要求铁路运输部门要更加重视铁路安全管理工作。铁路安全管理工作不仅关系到中国铁路部门的发展,也会影响铁路的稳定运行。这就要求铁路运输部门要认识到铁路运输安全管理工作的重要性,在铁路运输的各个环节都要采取战略性的防护措施,以减少铁路运输过程中安全事故的发生。铁路运输不仅与人们的日常生活息息相关,而且还会直接影响国民经济的发展。

(一)铁路运输安全管理的意义

安全生产是铁路运输的永恒主题,是铁路运输生产的主要运输指标,是保障运输畅通的重要前提。

我国目前的铁路安全管理可以分为现代化安全管理和传统安全管理两大部分,但不论是哪部分,都必须保证安全和效率的一致性,否则只讲安全不谈效率就会失去安全的意义，只讲效率不谈安全则会酿成事故。

铁路是国有经济大动脉，铁路运输不安全所带来的经济、政治和心理上的后果都是极其严重的。要搞好安全必须借助于安全管理，安全生产的意义可以表述为：

安全生产可以从理论上弄清问题，使人有一个正确的思想做指导。在正常情况下事故是可以避免的，铁路运输事故是否必然发生，取决于其有无必然条件。什么是必然条件呢？那就是有关技术设备不正常，人员操作技能低，不懂或不受规章制度的约束，以及由于认识的局限，个别规章制度尚有漏洞，上述任何一项都可以成为事故的必然条件，导致事故发生。但是铁路运输生产和运输事故的必然条件是不能等同的，更不能认为运输生产就是运输事故的必然条件。纵观铁路运输现状，确保安全的主要因素是人、规章制度和设备，只要加强管理，就可以满足安全需要。事故之所以发生，必然有其发生的原因，这是事故的偶然性，也就是不按规律办事所受到的惩罚。

安全生产可以帮助和促进人们自觉地按客观规律办事。安全是一个涉及政治、经济、技术、心理等多方面的一个综合性问题，这就必须在保证安全的基础上，建立起一定的相互关系和秩序，使安全生产形成一个系统，真正做到综合问题综合治理。

安全生产是保证铁路运输业生存发展必不可少的条件。铁路运输安全生产可以说从有铁路开始就有其存在，有安全才有效益。我国铁路运输业发展到今天，无论在技术上、能力上都和过去不能同日而语，但是安全问题也同样被提到了从未有过的高度。安全运输本身就是最现实的生产力，搞好安全就是最现实的挖潜提效，铁路运输企业必须加强安全生产，不断改进安全管理方法，使其规范化、科学化、最终实现安全的目的。

（二）铁路运输安全管理的原则

安全生产的原则是指人的活动规律，这些规律反映了安全生产的客观要求，它具有客观性。

1. 安全第一

必须树立安全第一的思想。安全决不能放第二、第三位去考虑，这是铁路运输的性质和任务决定的,不能有丝毫的犹豫和变通。

必须加大安全第一的系数,对安全来说有重要作用但尚未解决的问题一定要加快攻关速度。

必须突出一个严字。这是强化安全生产最关键、最核心的问题,否则,即使认识再高、规章制度再完善、设备再好,若管理不严都无济于事。

2. 集中统一领导

集中统一领导是保证运输安全生产必不可少的条件,铁路运输生产分工精确,联劳协作严密,所以运输生产安全工作必须集中统一指挥。

3. 以人为中心的管理

车站的管理首先是对人的管理,这对安全有着决定性的意义。善于有效地利用人力,要了解每个职工的特长和性格特点,根据安全的需要合理搭配,并要搞好人、机、环境的科学组合,实现劳动者与物质条件和劳动环境的最佳结合。善于开发智力和培养人才,要不断提高职工的业务水平和政治思想素质,并且把竞争机制引入人事管理中来,善于做好激励工作。一个人的积极性发挥得如何,取决于需要产生的动机,动机又激发行为,可以对职工进行目标激励、强化激励、支持激励、关怀激励、榜样激励、数据激励、荣誉激励、物质激励等,使其不断地为安全做出贡献而去发展自己,实现自身的价值。

4. 坚持实事求是

调查研究是坚持实事求是的根本途径,官僚主义是安全生产抓不好的重要原因,它在铁路安全生产中的表现形式也是多种多样的,对安全的危害十分严重,因此要坚持实事求是必须大兴调查研究之风。

出了事故必须坚持"四不放过"的原则,即事故原因分析不清不放过,没有防范措施不放过,事故责任者和群众没有受到教育不放过,对领导者没有追究不放过。不搞大事化小,小事化了,不出事故,大家都好的不正之风。

三、我国铁路运输安全管理机制

（一）铁路运输安全管理的调控机制

1. 各层次的安全逐级负责制

科学界定各层次的安全管理责任，避免各层次职责雷同；在逐级负责与专业负责、岗位负责之间建立有效的衔接，堵塞管理漏洞；在明确各层次安全责任的基础上，赋予其相应的权力，使责任与权力相匹配。

安全逐级负责制的核心是单位的主要领导对安全生产全面负责，并经过责任分解，落实到每一个岗位、每一个责任人。贯彻和落实安全逐级负责制，明确了铁路局必须要承担起安全管理的主体责任，同时以领导负责、岗位负责为重点，以严格考核、责任追究为保证，建立起安全管理的责任体系。

2. 员工个人的安全自控管理机制

建立员工个人的安全自控管理机制主要从三方面构建：一是内在的自我调节能力，以确保规范化的作业要求；而是较强的自我控制能力，能在任何时候、任何情况下，自觉、主动、严格地执行岗位工作标准和工作程序；三是持续的自我更新能力，能主动吸纳和借鉴外部先进的管理经验和成果，不断地完善自我。

构建员工个人的安全自控管理机制，最为重要的是要建立和维持员工对安全工作的兴趣。研究表明：兴趣具有实效和力量，是个人有力的动机。为此，必须重视对员工个体的心理特征的研究，这些心理特征包括：荣誉感、人道感、责任感、自尊心、竞争性、希望得到物质和精神奖励等。同时，要采取多种措施，轮流培训职工，促进职工素质的提高。

3. 生产班组的安全他控、安全互控管理机制

根据各岗位作业过程制订严格的作业标准和作业纪律，使各岗位职工明了应当做什么和不该做什么。

制订现场岗位监控制度并严格履行。

改进监控手段，利用电子摄像等先进技术设备对关键岗位、重点场所作

业过程实行一定方式的实时监视或自动报警。

把关键点的管理重心放在班组管理之上。

（二）铁路运输安全管理的考核、激励机制

铁路运输安全管理的考核机制主要从两方面加以建设。

1. 各级管理人员的检查考核

以逐级负责、分层管理为基本原则，通过建立以主要领导负责制、专业技术管理责任制和岗位责任制为内容的安全生产分级责任制，明确划分各级管理层的安全管理职责。在此基础上，实行一级考核一级的考核机制。

2. 对具体作业过程的检查考核

对各级管理人员的检查考核，主要是对其在安全生产过程中所起的作用及政绩情况进行考核评价；对员工的检查考核，主要集中在落实安全管理的各项规章制度和措施上，包括其作业过程是否符合操作规程和标准化要求等的考核和评价。

为使检查考核具有实效，必须把各层次、各岗位的检查考核内容量化、分等级，并将安全检查考核的结果与各类人员的收入、职务升迁和单位的利益、荣誉紧密挂钩。通过奖优罚劣，兑现考核结果，起到鼓励先进、鞭策后进的作用，以此促进铁路安全生产的健康发展。

（三）铁路运输安全管理的责任机制

1. 实行个人安全风险责任考核制度

据个人的岗位要求，落实安全责任，并使责任具体到位。

体现安全责任风险，即把个人利益与安全责任紧密联系，个人风险收入应根据其岗位在安全工作中的位置而定，使不同岗位的风险收入与风险责任成正比。

2. 建立事故责任追究制度

构建铁路运输事故的经济赔偿制度，主要从以下三方面来明确其内容。

要确认承担赔偿责任的对象，即责任单位和责任者。主要包括事故责任单位、事故责任者和事故责任单位管理者。

要明确安全事故赔偿责任的方式。即明确事故责任单位、事故责任者和事故责任单位管理者承担经济赔偿责任的合理比例。

为防止隐瞒事故，而设定加重或减轻责任的条款。即对积极、主动报告事故的责任单位和责任者可以只按规定额进行赔偿；而对故意隐瞒事故的责任单位和责任者则要加重处罚，相关单位和个人负连带赔偿责任，以此从经济手段上来处罚故意隐瞒事故的行为。

（四）铁路安全管理的监督机制

加强安全监督管理，对于督促铁路各级部门和各岗位员工认真落实安全责任制，以及及时纠正和查处各种违反安全管理规定的行为具有重要意义。建立有效的安全管理监督机制，应该重视以下两方面问题。

一方面是必须保持安全监督的独立性和高透明度，使之能够客观、准确、公正地实施安全监督。为此，必须建立一支能独立行使职权的安全监督员队伍（与被检查对象间没有管理上、经济利益上关系），并应赋予安全监督员一定的权力。

另一方面是要构建一个高效率运行的安全监督网络。该网络应该是铁路总公司、铁路局两级监察力量所形成的相互紧密联系的整体，以确保各种安全信息能及时、真实地传递和反馈。

（五）铁路运输安全事故预控管理机制

针对铁路运输安全事故发生的诱因，从制度上建立监测、诊断和预先控制的手段和方法，以防止和矫正事故诱发因素的发生和发展，保证铁路运输系统处于有秩序的安全状态。

1. 铁路运输安全事故预控管理机制的功能

监测和评价影响铁路运输安全事故的环境因素。

监测和评价铁路运输生产中的各种运载工具、运输设备、运输设施等的安全状态。

监测和评价铁路运输生产中各类人员遵章守纪和作业标准化行为。

监测和评价铁路运输各级部门安全管理活动。

铁路运输安全事故发生后的应急预案与紧急救援。其中，前四项功能的实现，必须要借助具体的量化指标来进行。

2. 铁路运输安全事故预控管理内容

预警分析，即对诱发铁路运输安全事故的各种现象进行识别、分析与评价，并由此做出警示的管理。预警分析主要包括监测、识别和诊断。其目的就是要弥补铁路安全管理中的传统分析方法，诸如事故树分析法、因果图法等在铁路运输事故的"管理"原因和预防措施方面的疏忽，避免片面强调某一方面的责任，以便全面揭示铁路事故原因。

预控对策，这是根据预警分析的输出结果，对铁路运重大事故诱因的早期征兆进行及时矫正、避免、预防与控制的管理活动。

由于铁路运输安全生产是一个动态的过程，影响安全的各种因素、内外部环境在不断发展变化，因此，铁路安全管理的方式方法也不是一成不变的。应当根据铁路运输市场新的环境和特点，积极探索和创新安全管理，并以贯彻一系列标准为契机，建立健全各项安全管理机制，实现安全的有序可控、基本稳定，使铁路运输安全工作真正落到实处。

互控覆盖功能；主要运煤通道和非六大干线尚未建设 5T 系统；红外线轴温探测系统的检测速度也有待提高。

货运方面，货运计量安全检测设备是运用较为成熟的安全监测设备，但目前路网性货检站还没配齐超偏载检测装置、轨道衡、危险货物检测仪等货运计量安全检测设备。货车装载视频监视系统的功能、运用和管理还不完善，不能完全实现包括来车提示、"问题车"分类存储分析、货车重空状态核对、货物品名核对、篷布苫盖和押运信息提示、车次及车号信息显示等扩展功能。

第二节 铁路运输安全预防体系

铁路运输实行安全预防管理是落实安全风险管理、加强安全生产过程控制的一项重要手段，是贯彻"安全第一、预防为主、综合治理"方针的体现，是动态掌控安全发展趋势、遏制安全不利局面的有效措施。

一、铁路运输安全预防理论体系

由此可以为铁路运输安全技术的研究提供理论基础。安全预防理论体系是针对铁路运输事故特性，以事故预防普遍性的机理为基础，形成的一系列理论体系，旨在为铁路运输安全技术体系的开发及管理体系的构建提供理论基础。

（一）行为冲突机理

事故的发生是一系统行为冲突过程。行为冲突原因很多，包括生理的、心理的或系统的等。如何及时识别系统行为冲突，如何构建系统行为规范体系与预防体系，如何对行为冲突做出快速响应，这是行为冲突分析所研究的关键问题。

（二）危险源辨识机理

危险源辨识机理侧重于从微观角度研究铁路运输系统行为冲突中的危险因素及其转化条件，通过建立事故模型模拟运输事故的发生机理。

一般地说，危险源可理解为引起人员伤害、财物损失的潜在不安全因素。它可分为两类：

一类危险源是直接引起人员伤亡、财物损坏和环境恶化的能量（包括动能、势能、热能、电能、化学能、电离能、核能等）、能量载体和有毒、有害危险物质。

二类危险源是导致一类危险源失控，作用于人员、物质和环境的条件（包括人失误、元件故障、系统扰动等）。

危险源辨识则是用某种方法来找出这种潜在因素。其主要手段是安全分析，通过应用安全分析方法来辨识出两类危险源，然后加以控制。

1. 危险源辨识方法

铁路安全分析方法主要采用安全检查表法、现场观察、座谈、预先危险源分析和作业条件风险性评价等方法，在引入新工艺、新设备和新系统时使用预先危险源分析法。

安全检查表。剖析系统，将系统分成若干单元或层次，列出各单元或层次的危险源，确定检查项目，按单元或层次的组成顺序编制表格，以提问或现场观察等方式确定检查项目的状况并填写到表格对应的项目上。

现场观察。对作业活动、设备运转或系统活动进行现场观测，分析人员、工艺、设备运转、作业环境等存在的危险源。

座谈。召集铁路安全管理人员、专业技术人员、操作人员，集思广益、讨论分析作业活动或设备运转过程中存在的危险源，可用于生产活动过程的危险源分析。

作业条件风险性评价。在具有潜在风险性环境中作业，需要半定量评价风险性时采用此方法。

预先危险源分析。新系统、新设备或新工艺采用前，预先对存在的危险源类别、危险源产生的条件、事故后果等概略地进行类比分析和评价。

2. 危险源辨识目的

通过对系统的分析，界定出系统中的哪些部分或区域是危险源，以及危险的性质、危害程度、存在状况、危险源能量与物质转化为事故的转化过程规律、转化的条件、触发因素等。以便有效地控制能量和物质的转化，使危险源不至于转化为事故。

3. 危险源辨识实施

组织具有铁路安全管理经验、熟悉业务和工艺流程的专业人员组成辨识组，对各种生产、施工、加工、维修、服务等活动的全过程进行危险源排查，确定存在的危险源，编制危险源清单。

（三）风险效应机理

风险效应机理研究铁路运输系统中可能发生的事故类型及其影响范围，根据对该事故发生概率与损失程度的评价，合理规划预防性投入与事故整改投入的关系，确定合理的投资结构。

1. 评价准备

组织铁路安全管理人员、生产技术人员、员工代表组成评价组，收集有关的风险评价资料，包括安全法律、法规、标准、规程、规范及安全管理要求。

2. 风险评价准则

以前发生过死亡、重伤、职业病、重大财产损失的事故，或轻伤、非重大财产损失三次以上的事故，且现在危险源仍存在，无论风险级别为几级，一律为不可容许的风险。

对于违反国家职业健康安全有关法律、法规、标准及其他要求中硬性指标规定的，如有毒有害气体浓度、粉尘浓度、噪声等级等，列为不可容许风险。对于其他违规，如劳动防护用品穿戴不全一类，凡是组织性行为且涉及的范围较大、后果较为严重的，列为不可容许风险。

最高管理层特别关注的危险源事件评价为不可容许风险。

曾经发生过且无良好控制措施的事故或危险源事件，评为不可容许风险。

曾经发生过已制订有效控制措施的事故或危险源事件，评为重大风险。

违反法律、法规的，评为重大风险。

相关方强烈抱怨的事故或危险源事件，评为重大风险。

除上述以外的事故或危险源事件，评为一般风险。

3. 风险评价的步骤

分析、调查发生铁路相关危险源事件的可能性和后果。

评价并确定这种可能性和后果所带来的风险程度。

确认重大风险和不可容许风险。

4. 风险控制计划

对不同级别的风险制订相应的风险控制措施，这些措施必须满足降低或使风险处于有效控制中，而且不会带来新的不可容许或重大的风险。

风险控制措施应首先考虑消除危险源的原则，其次考虑风险降低措施（降低风险概率、降低伤害或财产损失的潜在严重程度），将使用个体防护作为最后手段。

（四）分级预防机理

铁路运输事故的类型、发生概率以及可能的损失程度有很大差异，如何根据不同类型的事故采取不同的预防措施，使事故的发生概率及其损失程度保持在可接受的水平之内是分级预防机理研究的核心所在。

（五）安全管理三大理论

1. 人本原理

在管理活动中必须把人的因素放在首位，体现以人为本的指导思想。人本原理的基本原则有能级原则、动力原则、激励原则。其中，能级原则是确定系统、建立组织结构和安排使用人才的原则；动力原则的三种基本动力，即物质动力、精神动力和信息动力，要注意协调运用，正确认识和处理个体动力与集体动力之间的关系；激励原则以科学的手段激发人的内在潜力。管理者必须合理利用这些原则进行管理才能产生良好的效果以及刺激、调动人的积极性和创造性。

2. 系统原理

系统原理是用系统论的原理和方法来认识和处理管理中出现的问题。系统原理的基本原则有整分合原则、反馈原则、封闭原则、动态相关性原则。其中，整分合原则是在整体规划下明确分列车，确定系统的构成，明确各个局部的功能，然后在分工基础上进行有效整合，在各纵向分工之间建立紧密的横向联系。

3. 预防管理

预防管理指在安全管理工作中以预防为主，通过有效的管理和技术手段，减少和防止人的不安全行为和物的不安全状态出现，使事故发生的概率降到最低。常见的预防原则有偶然损失原则、因果关系原则、3E原则、本质安全化原则。其中，本质安全化是安全预防原理的根本体系，也是安全管理的最高原则。

二、铁路运输安全预防技术体系

铁路运输安全预防技术体系是预防理论体系在技术层面的延伸，由安全预测技术、安全规划技术、安全设计技术以及安全评价技术组成。其中，安全预测技术和安全评价技术主要实现对铁路运输系统的安全评估，明确铁路运输系统的安全目标。安全规划技术与安全设计技术则分别从宏观角度与微观角度对铁路运输安全进行合理规划与安全设计。

三、铁路运输安全预防管理体系

铁路运输安全预防管理体系的构建是基于预防基础理论的分析以及技术条件的支撑，实现对铁路运输安全的点预防、线预防、面预防的综合管理模式，主要可分为安全标准体系、安全教育体系、安全监督体系以及安全机制协调体系。

（一）安全标准体系

构建铁路运输系统的安全标准体系，以此标准体系来评价铁路运输系统的安全状态，实施安全教育、安全监督以及安全综合协调。

（二）安全教育体系

安全教育体系以铁路运输系统中的"人"为安全的出发点及归宿，从"人机"系统中"人"的角度预防事故，提高运输安全水平以及保护人的安全。

（三）安全监督体系

安全监督体系是铁路运输安全预防管理体系得以顺利实施的推动力，是实施效果得以有效反馈的重要保障。

（四）安全机制协调体系

安全机制协调体系要求铁路运输系统中设置全面、系统、有效的安全管理组织网络，合理配置安全组织机构、科学划分安全机构职能，使安全管理的机制协调高效。

第三节 铁路运输安全保障体系

铁路安全保障体系的构建从以下几种形式展开：铁路运输安全保障理论体系、铁路运输安全保障技术体系、铁路运输安全保障管理体系。其中，铁路运输安全保障理论体系需要从业者职业适应性强、设备可靠性强以及系统结合部匹配度高。而铁路运输安全保障技术体系直接关乎运输安全问题，就要求其相应的技术检测要精准到位，并要实现铁路运输系统的实施监控与管理，才能够有效地保障铁路运输的安全。除此之外，良好的安全培训保障机制、设备质量保障机制、安全规章制度机制、安全考核激励机制也是铁路运输安全保障管理体系的重要基础。

一、铁路运输安全保障理论体系

安全保障理论体系在于从理论角度分析运输系统中人的职业适应性机理、设备可靠性机理、系统结合部匹配机理以及系统的阶段性机理，构建有前瞻性的、对实际操作有很强指导意义的系统理论体系。

（一）职业适应性机理

铁路运输系统中的人处于安全主导地位，同时也是最不稳定的因素。研究铁路运输系统中人的职业适应性，对于运输系统中各子系统人员的培训、选拔有重要的指导意义。

（二）设备可靠性机理

机车车辆、轨道、通信信号、电力以及其他技术设备的良好运行状态是实现铁路运输系统安全的必备条件。设备可靠性机理主要研究设备的性能可靠性、结构可靠性、匹配可靠性等，是铁路运输设备安全运转的基础理论。

（三）系统结合部匹配机理

铁路运输系统是由机务、车务、工务、电务、车辆等子系统构成的复杂大系统。铁路运输系统的安全有赖于各子系统的有效匹配。

（四）阶段性机理

铁路运输安全在宏观层面总是处于一定的发展阶段，对于不同的发展阶段，安全管理的策略、目标等有所不同。铁路运输安全发展阶段的划分，有利于明确铁路运输安全目标，从而建立相应的行车安全保障体系。

二、铁路运输安全保障技术体系

铁路运输安全保障技术体系直接参与运输安全保障，其核心在于强调实时性、联动性以及系统性，主要由感测技术、通信技术、计算机技术及控制技术四部分构成。其中，感测技术和控制技术是铁路运输系统的外部接口，通信技术与计算机技术则对采集的信息进行传输和再处理，实现铁路运输系统的实时监测与控制，有效地保障铁路运输安全。

（一）铁路运输安全保障技术体系主要内容

长期以来，铁路各专业部门按自身发展需要，运用科技手段，建立和运用了一大批相对成熟、可靠的安全监控/监测设备，为保障铁路安全运营起到了积极的作用，通过大量的调研和分析，得出我国铁路安全保障技术体系主要体系在以下四个方面：

1. 多采用了先进可靠的监控、监测设备/系统

按照被监控/监测的对象，目前我国的铁路行车安全监控/监测设备可分为移动设备、固定设备、自然灾害和视频监控四大类。

（1）移动设备的安全监控设备

移动设备主要是指机车、车辆和动车组。因此，对移动设备的监测，主要是指对车辆的轴温、轴承故障、运行状态、装载情况等的监测，比较具有代表性的系统就是车辆5T系统、铁路货车超偏载检测监控信息系统（简称超偏载系统）及动态轨道衡检测监控信息系统（简称轨道衡系统）。

车辆5T系统主要包括：红外线轴温探测系统（THDS）、车辆运行状态地面安全监测系统（TPDS）、车辆运行故障动态图像检测系统（TFDS）、车辆滚动轴承轨边早期故障声学诊断系统（TADS）以及客车运行安全监控系统（TCDS）。

THDS是在既有红外轴温探测设备和技术的基础上，研究制订统一的产品标准和制式，采用信息数据采集技术、双下探轴温探测技术、车轮传感器冗余技术、智能自检技术、探头自适应标定技术、远程管理和宽带通信技术等，提升系统性能，实现THDS系统的设备制式标准化、数据处理自动化、通信网络数字化，并采用车号自动识别射频技术，使热轴定位实现热轴车辆连续追踪。该系统利用安装在轨边的红外线探头，对通过车辆每个轴承温度实时检测，并将检测信息实时上传到车辆运行安全检测中心，进行热轴实时报警，值班员通过红外线监控中心软件掌握车辆轴温信息，及时对报警车辆

进行相应的处理（激热立即停车，强热前方车站拦停，微热跟踪）。该系统是较早的铁路安全检测系统之一，且车辆红外线轴温智能探测系统（THDS）已在全路建立了4400余个探测站，并实现了全路联网运行，通过配套故障智能跟踪装置，实现车次、车号跟踪，热轴货车车号的精确预报，有效地防止了热轴事故的发生。

TPDS利用安装在铁路正线直线段、货车行车速度达到或超过70km/h的区段上的轨边检测装置，准确地识别货车是否蛇行失稳及失稳程度；识别运行状态不良的车辆；监测车辆的总重、前后转向架重、轴重和轮重；检测车辆的超载和偏载情况；识别车轮的踏面擦伤情况；自动统计轨道负荷通过总重、平均总重和当量通过总重。其检测结果可以为铁路运输安全管理、掌握轨道实际承载状态提供重要信息，对于有效地防范货车脱轨、车轮踏面擦伤、剥离和货物超载、偏载等安全隐患起到了积极的作用。

TFDS系统是针对传统的人工列检作业方式而研发的，它是集高速数字图像采集，大容量图像数据实时处理、精确定位和模式识别技术于一体的智能化系统。TFDS系统采用冷光源补偿、高速CCD数字摄像头同步拍摄等新技术通过对运行货车的车底、侧下部进行动态图像采集；同时，室内检车员对采集的实时传输图像通过人机结合的方式进行分析，可预防车钩分离、制动闸件脱落、摇枕、侧架、基础制动装置发生裂折等危及行车安全的故障，同时系统可以辅助图像自动分析识别模块，对车辆底部重点部位进行图像自动分析和判别，及时发现故障，实现对货车隐蔽和常见故障的动态检测，从而实现了货车列检作业方式从人检向机检、室外向室内、静态向动态的转变。随着列检布局的调整和列检保证区段的不断延长，列检安全责任更重、要求更高，采用该系统将对提高列检作业质量、改变作业方式产生深远的影响。通过联网为列检人员提供货车运行故障信息（包括数据和图像），使货车故障及时得到维修处理。实现列检作业从人控向机控、室外向室内、静态检测向动态检测的变革。

TADS系统利用安装在列检所前方的轨边声学装置，采用声学诊断技术和计算机网络技术，对运行中的货车滚动轴承噪声信号的采集和分析，判别轴承的工作状态,重点检查货车滚动轴承内圈、外圈、滚子等关键部位故障,及早发现轴承早期故障,使安全防范关口前移,与红外线轴温监测系统互补,防止切轴事故的发生。该系统建设是国内相关厂家与美国的TTCI等公司合作,引进吸收了滚动轴承声学诊断技术,从国外购置关键部件,在国内进行系统集成,并在六大干线提速安全标准线建设中推广,不但使国外先进滚动轴承声学诊断技术迅速转化为我国铁路车辆安全监测现实的生产力,而且提升了国内厂商相关技术水平,充分体现了引进技术消化后的再创新。

TCDS系统主要对客车运行状态进行全过程的实时监控。在客车运行中,利用车载安全监控系统对客车运行状态的车下制动系统、转向架动力系统、轴温监测系统、电子防滑器等运行状态进行数据采集,通过机车车载无线传输装置将重要数据实时发回地面(运行全过程数据到站后通过无线下载到地面)维修基地。经专家系统分析处理,指导客车车辆维修以提高检修效率。主要功能包括对列车防滑器工作状态监测、车电监测、车门、火灾险情监测、制动系统监测、走行部动力学性能监测和轴承状态监测;在线监测诊断各车厢监测对象的运行状态,实现在监控中心集中显示、报警;实时记录主机在线信息、存储各监测对象过程数据、诊断报告、事件信息;车辆到站后通过WLAN与地面联网,自动下载数据,并通过地面专家系统进行故障诊断和分析,定位故障指导维修。系统主要监测列车的GPS状态、经度、纬度、行驶速度、防滑器速度、列车的供电系统、空调系统、车下电源、车门、烟火报警、轴温报警器、防滑器、制动系统、车体、转向架动力学性能、轮对等特征参数。

超偏载系统利用安装在编组站进站口的超偏载仪,检测通过车辆各车轮对轨道的压力和剪力数据值,通过对检测数据进行分析和处理,得出车辆货物装载超载、偏载、偏重等情况。值班人员根据超偏载系统检测信息对通过的报警车辆(超载、偏载、偏重),做出相应的处理(扣车、通知、放行),保障货物列车的安全运行。

轨道衡系统要利用安装在装车站、货检站和编组站的动态轨道衡检测仪,检测通过车辆的各车轮对轨道的压力值,通过对检测数据的后续分析和处理，计算出车辆的自重、标重、总重、车号、盈亏（装货物重量的多或少）等情况。值班员根据检测和计算的结果对报警车辆实行扣车、警告、放行等相应处理，保障货物列车的安全运行。

（2）固定设备的检测设备

固定设备主要是指铁路线路，线路是铁路运输中重要的组成部分，因此定期工务基础设施的检查维护是保证铁路安全运营的重要内容。我国铁路工务系统的线路检测和维护，实行"铁路总公司—铁路局集团公司—基层站段"的三级检测维护体制，具体工作由基层站段直接负责。各铁路局大都已经配备有轨道检测车，定期对辖区内铁路线路进行检测，在工务段通常配备有线路配件专用量具、轨距尺、支距尺、轨道检查仪、轨温计和钢轨超声波探伤仪等铁路线路检测装置，并利用这些检测装置对铁路线路进行人工检测。随着高速铁路的建设和运营，铁路局及工务段层面的线路检测技术也随之显著提高，引进了先进的综合化、智能化轨道检测车，提升了线路检测的功能和效率，日常使用广泛的轨距尺、轨温计、轨道检查仪也被新型的0级、1级数显轨距尺、数显轨温计和智能轨道检查仪等先进计量检测器具所替代，有的铁路部门正在利用传感器等信息智能技术，研发新一代的铁路线路检测技术和装置。这些进展一定程度上提高了线路检测的准确性和作业效率，同时也为线路维护从"定期修"过渡到以"状态修"为核心的科学养修体制创造了有利条件。国内也研发了许多对线路进行监测的系统，其中比较典型的监测系统有工务线路远程自动检测系统、信号微机监测系统、电力远动系统、车载式轨道安全监测系统（简称晃车仪）、轨道检查车（简称轨检车）和轨温监测系统。

工务线路远程自动检测系统实际上是将各种小型化电子检测装置直接安装在旅客列车、货物列车以及机车的各个部位上的自动化电子测量系统，并与车载微机或处理器相连接，不需要配备专人值守，它可以通过无线通信技术来采集、收发和传输各种测量数据信息，将列车上晃车仪、添乘仪、轨检车检测装置的实时检测数据通过公网GPRS传至检测所，检测所将收集到的晃车仪、添乘仪、轨检车、探伤车等信息集中存入工务数据库，从而完成对工务系统线路的各项技术参数的实时检测、分析和处理。目的是提高工务系统安全生产管理水平，供相关部门及时掌握病害和处理情况。

（3）自然灾害的检测设备

对自然灾害的监测也是保障铁路运输安全的重要组成部分，目前对自然灾害的监测系统中，比较典型的有防洪信息系统、大风预警系统、雨量监测系统、冻土监测系统、道岔融雪监控系统、天气预报系统等。

防洪信息系统是对水害发生信息、水害慢行信息、暴雨封锁区间、水害直接损失、危险地点、看守地点、雨量计信息、沿线水库、雨量警戒值、防洪备料机具及战备梁等信息进行收集整理，及时掌握防洪、水害信息，以及对防洪、水害历史信息进行分析，发挥各类信息资源的优势，为铁路科学防洪提供依据。

大风预警系统自动将沿线采集到的数据经大风数据服务器实时地传送至数据中心，有效地保证了数据的实时性和可靠性要求；结合区段线路参数与从TMIS和DMIS系统获得的当前列车车型、载重及实时运行等信息，确定出大风环境下当前列车运行速度限值，为在大风环境下列车安全运行指挥调度提供决策依据和有效手段。该系统主要监测风速、风向、刮风时间等参数。

雨量监测系统在采集点处设置有雨量监测仪，具有采集并存储雨量信息、雨量报警、现场雨量曲线打印以及通信等功能。此外，通过采集各监测点降雨量，结合各监测点历年降雨情况，分析和判断降雨的严重程度，为用户提供雨量实时监测信息，实时在电子地图上展现工务段的报警信息，并提供日报表、月报表等统计信息。该系统主要监测监测点地区的日雨量、最大雨量时间、雨量最大值、连续雨量、每个正点时刻的雨量等参数。管理人员根据历史雨量监测信息、实时雨量数据，结合天气预报情况制订警戒措施，实现了指导防洪的目的。

道岔融雪监控系统通过监测雪地环境下的道岔工作状态，根据设备内建的算法分析，设定加热阈值，当满足条件时，输出加热信号，启动加热。该系统主要检测环境温度、钢轨温度、是否下雪等参数。

天气预报系统运用卫星、雷达、大型计算机等高科技手段对卫星云图、雷达气象图进行分析，能够实现查询天气及降水实况、特殊天气（大风、暴雨、冰雹、高温等灾难性天气）信息服务、长期气象服务等。该系统主要监测铁路沿线的大气温度、湿度、风力、风向、雨雪等天气状况。目前该系统已经在全路实现联网运用，由各路局当地气象局每日 2 次（早上 8 点，下午 5 点）将该局铁路沿线主要站点天气预报数据发送至工务部门。

（4）视频监控的监控设备

视频安全监控以多媒体技术、计算机网络技术、视频压缩编解码技术为核心，采用嵌入式操作系统以及内置 Web 服务器技术，构造视频安全监控网络。主要应用有车站作业远程监控系统、客运站视频监控系统、治安重点部位和复杂区段护路视频监控系统，网络化合视频监控系统等。在自动监视模式下，能够自动对监视区域进行行为分析，实现对异物"入侵"的自动跟踪监测；能够结合行为分析功能以及与动力和环境开关量监控系统的联动，实现告警功能，告警时可自动实现视频的切换、保存以及抓拍。查询告警信息时，系统可以自动查找告警时间及相应时段保存的对应视频文件。

机车安全监控系统由车载设备、地面数据服务器、铁路局通信服务器、地面查询分析工作站等构成，通过无线数据通信将机车运行状态、机车监控装置、走行部检测装置等信息实时上传铁路局集团公司，实现对列车安全运行的实时监控。机务系统已将信息技术应用于机车调度指挥、机车运行状态检测、检测数据采集、检修作业监控等领域。车载智能设备已经发展到覆盖牵引、制动、辅助系统、列车控制、司机室显示器及其电器的监测与控制等方面，通过对机车在线运行的实时监测、分析，向地面提供机车在途运行故障与状态信息，以及地面向机车乘务员途中故障处理提供远程技术支持。充分利用车载设备的检测记录信息，可为机车检修、质量及技术管理系统实现检修生产、设备管理等生产管理过程数字化、网络化提供信息支持。

货车装载安全监控视频系统主要具有超限监测、车门识别及车序识别三大功能。监测设备主要安装在进站或出站咽喉区，它采用图像处理技术的原理，根据采集到的车辆图像，经过一定的算法处理，得到图像中车辆的相关尺寸，判断车辆是否超限；通过分析现场各种车辆，并根据车辆的几何尺寸特点，针对棚车设计一套算法，迅速取得棚车车门图像；按照车轴通过的顺序及车轴间距，来判断所测数据是否属于同一辆车。该系统主要监测车辆的几何尺寸、棚车车门、车轴顺序及车轴间距等参数。

车务远程网络监控系统通过对各监视点的有效控制，包括站场切换，目标锁定，图像、声音、对话的调节，录像、查询、回放、剪辑；通过对云台水平、垂直转动的控制，以及摄像机焦距、变焦、光圈等技术参数的调节，实现目标搜索与锁定；当需要监听现场情况时，可随监视画面实现同步监听；通过扬声器、拾音器和传声器可实现监控与现场人员的对话；可根据存储硬盘容量大小进行滚动覆盖式循环录像；当需要调阅查询历史记录时，可对查阅对象位置、日期和时间段进行设置，通过系统自动搜索，实现目标回放。该系统实现了远程控制、图像监视、语音监听、双向对讲、滚动录制及检索回放等功能，主要监测站场目标的图像、声音和对话等参数。目前，该系统已形成了覆盖全路所有车站的车站作业安全监控体系。

客运站视频监控系统在无须重新布设各种线缆的情况下，使用网络视频服务器与现有的 IP 网络相连，将现场实时图像及时传送到远端监控中心。通过远程实时监视和控制，各级领导可以在各自的办公电脑上对车站内公共区域进行实时现场监控，便于了解员工工作情况，提高员工工作积极性。该系统主要监测客运站员工的工作状态。

牵引变电所远程视频监控系统具有图像监视监听；控制灯光及门禁；视频报警、防火、防烟、防潮、防盗；实现对图像的自由存放、回放及逐帧搜索画面；摄像机预置；警视联动、自动进行超温检测和报警、优先等级和使用权限的设置、用户操作的记录和控制权的自动协商等功能。该系统能监视任一路摄像机的画面并对其云台和镜头进行控制，还能对现场进行监听。每个变电所分为七个镜头：镜头 1 用于监控主控室，即监测工作人员的工作情况；镜头 2、3 用于监控高压室的两个端，即监测断路器和母线；镜头 4 用于监控电容室，即监测晚间电容有无放电情况；镜头 5、6 用于监控 200kV 进线，即监测变压器、断路器、避雷器、隔离开关；镜头 7 用于监控馈线、放电情况、操作情况、隔离情况，即监测变电所到铁路接触网的引线。该系统在全路范围内大面积使用。

货场视频监控系统运用先进的传感器、监控摄像、通信、图像处理和计算机等技术，组成一个多功能、全方位监控的数字处理系统，对货场关键地点进行传感成像、信号传输，实现对车站货场的远程实时监控，并能将监控的情况记录备查，加强货场安全管理，防范货物丢失被盗和火灾等突发事故。该系统实现了视频、报警联动、多画面同时监控、安全控制、权限管理、数据传输和硬盘录像等功能，主要监测货场内的仓库、站台、车辆通道等状况。

线路视频监控系统实施全线视频监控，通过运用摄像头和智能分析软件，自动识别告警，工作人员根据告警状况对发生事件进行有效和及时地处理，进而保证行车安全。该系统主要监测铁路线路周围的治安情况以及线路上列车的运行情况。

2. 部分安全检查监测装备已具有较完整的规章制度保证

各专业部门对部分安全检查监测系统已经制定相关的技术标准、运用管理维护办法，建立系统日常运行监控和维护机制，明确监测信息运用分析的职责，实现动态监测、数据集中、联网运行、远程监控，形成信息管理闭环。

(二) 铁路安全保障技术体系完善建议

首先，要不断提高设备技术水平，扩大设备覆盖率。例如工务专业，要提高钢轨探伤车的检测速度；各检查监控车间（工区）、线路车间推广和应用轨道检查小车和电子平直尺；建立提速线路基雷达检测评价技术及方法，初步对提速线路基进行评价，完成雷达检测路基评价体系建设。车辆专业要在原5T可研批复布局的基础上，进行扩大覆盖范围建设。重点在六大干线和主要货运通道合理布局，在其他干线及边缘支线适当布点消除安全监测盲点，进行全路统一规划，分步实施。货运方面，要配齐配好货运计量安全检测设备，在年货物运量50万吨以上的车站，散堆装及重质货物发送量较大的车站，发送液化气和年货物运量30万吨以上的铁路专用线（专用铁路），以及与合资铁路、地方铁路接轨站或分界站，必须配置轨道衡和安全检测设备；主要货检站具备危险货物检测和超偏载、超限检测、货车装载状态检测监控等安全检测监控设备。加强货运计量安全检测监控系统、货车装载视频监视系统的建设和运用管理。

第二，要完善设备监测系统的联网应用水平。例如，货运专业要完善轨道衡系统的联网运用。工务方面，完成PWMIS信息系统建设项目的设备购置、安装调试、技术培训和试运行工作，形成铁路总公司、铁路局、工务段计算机三级信息网络。电务专业要加快电务管理信息系统建设。按照"统一领导、统一规划、统一标准、统一资源、统一管理"的原则组织实施，建成铁路总公司、铁路局、站段直至工区的计算机网络，实现静态监控和动态检测数据的网络传输和数据库管理等。

第三，要加快建设和完善相关管理制度。例如，车辆方面，强化"5T"系统运用管理。各车辆段要切实抓好管内已安装使用的"5T"系统运用管理，做好数据统计，对使用中存在的问题要认真分析原因，做好记录，及时反馈。货运专业要规范货运安全设备运用管理。利用动车组综合检测车、电务试验车和CTCS-2车载动态检测装置组成动态检测网络，统一各种动态检测设备的检测标准；完善电务检测信息管理制度；建立动车组故障分析制度。机务方面，建立远动监控制度。积极用好、维护好供电远动，完善供电远动功能，发挥供电远动的作用。变配电所实现综合自动化、远动控制和视频监控，供电段设置电力远动调度台及复视系统，铁路局实现供电、电力远动系统合并，集中统一指挥供电、电力设备的运行工务专业要制订三维定测系统管理办法和工作制度，建立台账和日常检查制度。此外，要规范行车规章修订制度。各级行车规章管理部门应按权限及时组织规章、标准、办法的"修、建、补、废"工作。建立车务部门行车规章电子文件库和网上审批系统，完善规章网络发布、交流、查询及维护等工作。各级规章管理部门应开展经常性的调研活动，针对规章执行过程中存在的问题和不足提出整改意见，对行车规章实行动态化管理。

第四，要加快系统整合和综合运用。整合、集成、优化既有铁路运输安全监控系统。在已有的各安全子系统的基础上，铁路总公司组织有关部门提出建设铁路总公司、铁路局、站段三级实时监控管理平台的技术条件，铁路局依据技术条件尽快研究提出工程可行性研究报告和具体实施方案，并组织实施，形成监测管理和决策一体化、覆盖全路的安全综合检测监控网络。

第五，实现远程共享传输网。现有铁路计算机网络是以中国铁路总公司为核心，涵盖全国所有铁路局集团公司以及绝大部分站段的三层四级星形网络。中国铁路总公司到铁路局集团公司之间为骨干网，铁路局集团公司到基层站段之间为基层网。铁路局集团公司范围内的基层网中又部署了网络汇接点，基层站段先上联到网络汇接点，然后由汇接点再上联铁路局集团公司。铁路各新建线路都按照这个结构扩展新建线路范围内的计算机网络，新建客运专线计算机网络的基本结构和组网模式与现有铁路计算机网络基本一致。安全检测信息接入铁路计算机网络，可以使全路范围内的资源得到共享与利用，可以满足各种应用的需求。

第六，资源整合与信息共享。数据库级共享将从各系统获取的报警数据和相关业务系统的基础数据进行集中存储，形成共享数据库，以支持系统功能应用和各系统间的数据交换，由共享数据库统一发给有共享需求的业务信息系统，或业务信息系统到共享数据库中提取。应用系统级共享可根据服务方式的不同，分为信息直接交换方式和服务共享方式。对于信息直接交换方式，信息共享平台通过接收原系统的数据接口，完成格式转换和协议转换，实现不同系统间的快速信息交换。对于服务共享方式，信息共享平台通过对业务系统所需的功能进行提炼，按标准格式对单一功能模块或重新组合的功能模块进行封装，对外提供数据查询服务和应用功能服务。

总的来说，要想实现铁路运输安全保障技术体系能随时发现问题，并解决问题，达到预防事故和消除事故隐患的目的，一方面采取上述相关措施建议；另一方面完善现有铁路运输安全保障管理体系也是不可或缺的。

三、铁路运输安全保障管理体系

（一）安全培训保障机制

安全培训保障机制是铁路运输安全保障管理体系得以有效实施的重要保障机制，是实现运输安全有序可控目标的最基础保障。

（二）设备质量保障机制

保证设备处于良好状态，使设备的技术状态稳定。

（三）安全规章制度机制

安全规章制度机制是铁路运输安全保障理论、技术以及管理体系在安全保障应用方面成功模式的制度化、标准化。

（四）安全考核激励机制

安全考核激励机制是根据当前运输安全状况、事故的益本比分析等确立的一套科学考核机制，是运输安全良性循环发展的重要保障。

四、铁路运输安全保障体系框架设计

（一）铁路安全保障体系框架

铁路安全保障体系是保障铁路安全运行、预防和避免事故发生以及尽量减少事故损失的一个复杂大系统。深入探索和把握安全规律，建立健全铁路安全保障体系，形成长效机制，是确保铁路持续安全稳定的关键性、基础性工作。构建铁路安全保障体系应从铁路运营安全保障工作的系统性、复杂度和行车安全保障系统的大系统特征出发，着眼于人、设备、环境和管理四个方面来构建。为了保障铁路运营安全，国内外铁路部门都采取了各种安全方法和手段。我国铁路安全保障体系主要有八个方面的内容：

1. 安全检查监测保障体系

在铁路运行的过程中，采取最先进的技术，对影响铁路安全的人员、移动设备、固定设备和环境等因素的状态以及运输对象实时监控，通过整合既有各专业系统的安全检查监测系统，实现信息共享和综合利用，随时发现问题并解决问题，达到预防事故和消除事故隐患的目的。

2. 规章制度保障体系

以基本规章为依据，分系统、分层次建立规章制度管理办法，形成不断充实和完善的工作机制，保证各专业、各层面的专业规章、技术文件、作业标准、作业程序和管理制度科学严密、统一规范、动态优化、具体可行，达到规范作业行为和设备标准的目的。

第四章　铁路运输安全管理

3. 固定设备保障体系

准确把握线路桥隧、通信信号、供电接触网等设备设施的内在变化规律，采用先进维修手段和科学维修模式，精检细修，实现对设备动态质量的有效控制，更新维修理念，优化检修资源配置，采用先进维修手段，创新维修方式，强化关键部位控制，加强设备精检细修，全面提升设备质量，确保动态达标。

4. 移动设备保障体系

以确保动车组质量为重点，加快综合检修基地建设，强化动车运用所管理，规范动车组检修流程，全面提高动车组养护维修水平；以专业化、规模化、集约化为方向，科学合理地设置和调整机车车辆检修资源配置，完善检修工艺和标准，提高检修质量。健全机车车辆运用管理、机车乘务员一次出乘作业和列检检查作业标准。完善机车车辆运行监控设备设施修、管、用制度，形成科学、可靠的移动装备安全保障体系。

5. 运输指挥保障体系

以确保高速提速干线畅通为重点，强化运输集中统一指挥，进一步完善行车组织管理办法，规范调度命令发布，加快调度系统信息化建设，全面提升行车组织指挥水平。完善应急救援预案，规范突发事件应急响应程序，形成指挥顺畅、反应迅速、救援处置有力的行车组织指挥和应急救援保障体系。

6. 货运安全保障体系

重点是强化货运安全基础管理，严格危险货物承、托运人和超限、超长、超重、集重货物承运人资质审查，严格落实货物装载加固方案和装载质量控制，严格进行货运计量安全检测监控，严格执行货检区段负责制和货检作业标准。加快货车装载、计量、危险货物运输、货检和货运站监控等系统的建设和运用，形成源头控制、途中把关、运行监控的全过程管理。

7. 治安防范保障体系

以治安综合治理，净化铁路运行安全环境为主要内容，深化治安综合治理工作，健全爱路护路联防机制，按照"三个专门"的要求，保持线路巡防力量，保证防护设施完好，实现时速160公里及以上提速区段"零死亡"。加大

"六类"治安案件防范、打击力度，杜绝严重危及行车安全案件的发生。

8. 职工素质保障

重点是完善职工培训制度，加强培训管理，形成总公司、局、站段三级培训制度体系。加快开发适用于高等教育、职业教育和职工培训的教材以及应知应会培训手册，形成铁路专业教材体系。利用铁路既有资源和设施，完善铁路培训基地和应知应会基本功训练基地。加强职教管理队伍、师资队伍建设，提高职教管理水平和授课能力。

铁路运输的高度集中和联动性特点，需要车、机、工、电、辆多部门的协同配合，因而安全管理工作难度较大。安全保障体系是一个完备的有机整体，八个系统之间既相互联系、互为支撑，又各有侧重、自成体系，必须统筹规划，系统负责，协调推进。

铁路交通安全保障体系的核心是信息技术的全面综合集成应用，应满足以下三个特征：

系统性。高速铁路运营安全保障技术体系要从安全系统工程的角度出发，一方面，要保证高速铁路各种基础设施和关键装备的先进性、可靠性和安全性基本要求；另一方面，高速铁路各子系统都是实现系统总体安全目标不可缺的组分，都承担着特定的、不同方面的、不同层次的、分工明确的行车安全保障任务，该体系应该通过各子系统的功能集成获得最大的系统总功效。

综合性。综合开发和利用监控和检测到的高速铁路运营安全相关状态信息，有效地辨识系统中潜在的危险因素，从而能够客观地分析高速铁路运营安全态势，以便采取相应的对策来不断提高、改善高速铁路运营安全水平。

高效性。高速铁路运营安全保障技术体系应以运营安全信息流作为指导、协调和管理高速铁路运营的依据，加强车、机、工、电、辆各部门之间以及与系统外相关部门之间的协作效率，从而能够更全面实施控制，做出各个层面的科学决策，保证高速铁路运营安全保障管理工作的高效性。

（二）铁路安全检查监测保障体系需要建设的主要内容

建立铁路安全检查监测保障体系虽然受到各国学者和安全管理者的认同，但由于它本身作为一个新理念和复杂的过程尚待完善，而且涉及多学科、多部门，铁路安全保障管理的特点和内容决定了其应用必然受到来自观念、机构、技术等方面的冲突和挑战，实施起来难度很大。如何保证其顺利实现是各国面临的一个重大课题。

纵观各国铁路安全管理的实践，在实施铁路安全检查监测保障管理的过程中，都以科学的理念为指导，结合实际确立合理的法律法规或规章制度，建立综合的安全检查监测保障管理系统，基于网络实现高度信息化，固定和移动监测数据通过地面和无线网络实时传给监控中心集中管理，各部门同步得到交通安全共享信息，形成全方位、立体化和网络化的行车安全保障体系。

正是通过铁路安全检查监测保障体系的建立和完善，才能够促进和实现铁路行车安全的可持续发展。因此研究和建立铁路安全检查监测保障体系非常必要，其建设的主要内容包括规范的规章制度管理、完整的设备基础数据、先进的检查监测装备、严格的事故故障管理、健全的检查监督队伍和综合的信息处理平台。

1. 规范的规章制度标准

规范的铁路规章制度标准体系是建立安全检查监测保障体系的基本前提。

在安全管理方面，我国铁路安全管理的相关标准及体制相对滞后。我国铁路技术水平和装备水平在持续提高，但相关技术规范、规程、标准以及管理规章有些还不完善，规章制度和管理办法跟不上技术装备的发展，相关的技术标准、规范严重滞后，有的甚至发生冲突、混乱现象。尤其是大量的新技术、新装备投入使用以后，设备标准、技术标准、检修标准、管理制度滞后的问题非常突出。

我国高速铁路发展迅速，重载运输也取得较大发展，高速铁路和重载铁路的设备标准特别是检查检测、监测监控装备滞后的问题相对更加突出，设备的选用和定型还处于实践和摸索的过程中，有的设备引进后还没有真正把技术消化就投入了使用，有的设备技术标准和检修标准只是简单套用国外标准或是在国外标准基础上的简单改动。

归纳起来,我国铁路在规章制度方面主要存在四个方面问题。

第一,规章制度调整变化较快。随着铁路发展,有关规章制度进行了大量修改,正是由于规章制度变化比较频繁,传达学习又不彻底,部分干部职工难以适应。

第二,部分规章制度不够严密。一些部门制订的规章制度,有的内容缺项,有的条文与现场实际不符;一些新规章与既有规章衔接不紧密;一些部门的要求相互矛盾,令现场无所适从,难以指导现场安全工作。

第三,有些规章制度缺乏统一性。由于各铁路局之间规章制度有很大差别,一些跨局作业的职工,尽管是同一种作业,但需要熟悉不同的规定。在机车交路大幅度延长,跨局委托维修方式大量采用,特别是跨局调度指挥的新形势下,这个问题显得十分突出。

第四,部分规章制度缺项。许多新设备的检修维护标准没有制订,一些铁路局和站段的规章制度细化任务还没有落实,需要尽快解决。

因此,当务之急应是尽快总结新技术、新装备、新的运营管理方式情况下的安全管理规律,明确设备技术和管理标准,规范规章制度管理。并且,还要针对设备更新和新技术的大量投入使用,各个岗位急需一批懂技术、业务熟练的实际的专业人才,加强职工队伍培训,解决当前培训系统不完善的问题。建立规范的规章制度和标准要以设备标准和基本的规章制度为依据,分系统、分层次建立和完善各项规章制度办法,形成"科学严密、统一规范、动态优化、具体可行"的规章制度。

科学严密,就是结合新技术、新设备大量运用的实际,从理论到实践,从技术标准到作业标准,深入进行科研论证,确保各项规章制度经得起运营实践的检验。

统一规范,就是以基本规章为基准,建立覆盖各专业、各层面的专业规章、技术文件、作业标准和作业程序,形成统一、规范、完备的规章制度体系。

动态优化,就是根据铁路运输生产组织的变化要求和运输安全工作实际需要,及时废止、修订和补充完善各项规章制度和办法,确保各项规章制度

第四章 铁路运输安全管理

具有较强的时效性和指导性。

具体可行，就是依据基本规章制度，每个层次、各个系统制订出明确、具体、细化的规章制度，确保落实到一线、落实到岗位。

我国铁路根据铁路建设、改革、发展、装备现代化、开行高速列车以及大面积提速后的新情况、新变化、新要求重新修订大量的规范、规程、规则等，其中主要涉及操作及维修保养标准有三大部分，一是设计规范类。如：铁路路基设计规范、铁路轨道设计规范、铁路电力设计规范、铁路信号设计规范、铁路工程节能设计规范、铁路动车组设备设计暂行规定、铁路GSM－R数字移动通信系统工程设计暂行规定等。二是技术规程类。如：铁路技术管理规程、铁路有线技术管理办法、铁路技术管理办法等。三是专业技术管理规程类。铁路运输调度规则、铁路机车运用管理规程、铁路机车操作规程、单司机执乘机车操作规程、铁路线路修理规则、铁路信号修理规则、铁路通信维护规则、铁路客车运用维修规程、铁路货车运用维修规程、铁路动车组运用维修规程、接触网运行检修规程、变电所运行检修规程等。

随着铁路快速发展，各种规章制度和标准，特别是有关安全技术设备、检查监测监控装备的管理制度和标准，还必须不断修订和完善。

2. 完整的设备基础数据

安全检查监测保障体系是针对设备和设备的运用过程进行检查监测，因此，建立完整的设备基础数据库是构建体系的基础。长期以来，铁路各部门、各单位都定期对行车设备进行清理统计。专业部门定期的有每年的秋检，对所有的行车设备建立档案，财务部门每年有固定资产统计。从铁路局、站段到车间、班组都已经有完整的设备档案。随着计算机技术的发展，这些设备档案都已经实现了电子化。90年代以后，铁路线路地理信息系统逐步完善，线路桥梁隧道等设备三维电子地图得到了广泛应用；调度集中、微机联锁以及CTC等系统不断升级运用以后，信号设备基础数据及其设备状况基本能够实时掌握；TMIS、DMIS、ST系统以及列车运行监控系统开发运用以后，机车、车辆以及列车编组、检修等情况可以实时查询；HMIS、客票系统等的广泛运用，列车装载货物、运送旅客等情况已经可以及时查询。

铁路信息化建设日趋规范，基础数据管理规范基本形成，基础数据管理要求更加明确，各种基础数据字典正在逐步形成。包括线路字典、干线线路字典、车站字典、线站字典等在内的路网基础数据集，包括监测点字典、车次字典、机车字典在内的监测设备基础数据集，包括单位字典、管理单位人员字典等在内的管理基础数据集，包括监测系统字典、监测项类型信息、专业字典、报警类型字典等在内的分类字典数据集，正在建设之中。

信息化建设水平不断提高，所有铁路局计算机都已经与站段联网，实现了铁路局、站段互连互通。其中，大部分铁路局实现了与车间联网，个别铁路局甚至与主要行车班组实现了联网办公。

3. 先进的检查监测装备

我国铁路行车安全技术装备水平有了长足的发展，有关行车安全的监控、检测、救援、维修等设备逐步现代化，行车安全逐步实现了由单靠人工向依靠安全监控设备的转变。但与国外发达国家相比，总体来看目前行车安全检测、监测技术和装备水平仍较低，监测、监控手段仍较落后。各厂家之间的生产未形成标准化、规范化，建设投资不足，产品的应用推广面有限，此外还存在许多技术空白。由于运输能力日益紧张而资金又匮乏等原因，长期以来，铁路处于超负荷状态，全国铁路有大量运输设备超限运行，不少运输设备、线路桥梁病害未及时检修，带病运输，很多技术难题有待开发和研究，有关设备管理的规章制度还有不严密之处，设备安全隐患严重。总体来讲，监控设备技术水平和覆盖率低，有待提高。

安全基础设施方面，铁路各专业部门需按照专业建设、专业管理、专业运用的原则，不断完善和提升相关安全检查监测保障硬件基础设施的技术水平和覆盖率。工务部门需尽快完善动车组综合检测车、车载式线路检查仪系统，对所有提速线路特别是时速200公里及以上的提速线路质量进行动态检测监控。电务部门需完善信号微机监测系统，将CTCS－2列控系统纳入检测监控。车辆部门要进一步扩大"ST"系统覆盖范围，实现对车辆质量的实时监控。机务部门需完善机车运行监控系统、列车运行状态信息系统和接触网检测装置，对机车、牵引供电设备实施有效监测。货运部门需完善货运计量安全检测监控系统和危险货物运输安全监控系统，实现对货运超偏载和危险货物运输的实时监控。公安部门需完善治安防范视频监控系统，实现站、车、线防火防爆、清理扒车、预防货盗、阵地控制的有效监控。各部门其他监测系统，需要按照统一的标准加快研究和建设，成熟时纳入安全检查监测体系。各铁路局需对现有的各专业监测系统和管理信息系统进行全面调查摸底，掌握各系统的研发、建设、运用情况，按照统一标准，对既有检查监测系统和管理信息系统进行完善，明确各系统纳入安全检查监测保障体系需要做的工作。

4. 严格的事故故障管理

规定事故发生后，事故现场的铁路运输企业工作人员或者其他人员应当立即向邻近铁路车站、列车调度员、公安机关或者相关单位负责人报告。有关单位和人员接到报告后，应立即将事故情况向企业负责人和事故发生地安全监管办报告。铁路运输企业列车调度员将事故概况分别向事故发生地安全监管办、列车调度员报告。事故发生地安全监管办接到事故报告后，将事故基本情况向安全监察司报告。涉及其他安全监管办辖区的事故，发生地安全监管办及时传送至相关安全监管办的安全监察部门。列车调度员接到事故报告后，应立即向安全监察和专业部门及领导报告。事故涉及其他部门时，通知相关部门负责人。发生特别重大事故、重大事故，由办公厅负责向国务院办公厅报告，并通报国家有关部门。发生特别重大事故、重大事故、较大事故或者有人员伤亡的一般事故，安全监管办向事故发生地县级以上地方人民政府及其安全生产监督管理部门通报。事故报告的主要内容应包括事故发生的概况、设备基本状况、旅客及伤亡情况、设备损坏程度及对铁路行车的影响情况，事故原因的初步判断等。安全监管办和铁路运输企业向社会公布事故报告值班电话，受理事故报告和举报。

事故调查处理权限规定，特别重大事故由国务院或国务院授权的部门组织事故调查组进行调查。重大事故由组织事故调查组进行调查。较大事故和一般事故由事故发生地安全监管办组织事故调查组进行调查。认为必要时，可以参与或直接组织对较大事故和一般事故进行调查。根据事故的具体情况，事故调查组还可由工会、监察机关有关人员以及有关地方人民政府、公安机关、安全生产监督管理部门等单位派人组成，并应当邀请人民检察院派人参加。事故调查组认为必要时，可以聘请有关专家参与事故调查。发生一般B类以上、重大以下事故（不含相撞的事故），涉及其他安全监管办辖区时，事故发生地安全监管办应当在事故发生后12小时内发出电报通知相关安全监管办。自事故发生之日起7日内，因事故伤亡人数变化导致事故等级发生变化，依照规定由上级机关调查的，原事故调查组应当及时报告上级机关。事故调查组根据需要，可组建若干专业小组，进行调查取证，调查组组长组织审议专业小组调查报告，并在规定期限内研究形成铁路交通事故调查报告，查明事故发生的经过、原因、人员伤亡情况及直接经济损失；认定事故的性质和事故责任；提出对事故责任者的处理建议；总结事故教训，提出防范和整改措施建议。铁路交通事故调查报告报组织事故调查的机关同意后，安全监管办的安全监察部门在事故调查组工作结束后七日之内，根据事故报告，制作铁路交通事故认定书，经批准后，送达相关单位。事故认定书是事故赔偿、事故处理以及事故责任追究的依据。事故调查中发现涉嫌犯罪的，事故调查组应当及时将有关证据、材料移交司法机关。发现安全监管办对事故认定不准确时，应予以纠正。必要时，可另行组织调查。事故责任单位接到铁路交通事故认定书后，于7日内，填写铁路交通事故处理报告表，按规定上报铁路交通事故认定书制作机关。

5. 健全的检查监督队伍

我国铁路系统在运输安全管理上，实行行业主管部门垂直管理体制。按照铁路法赋予的职责，行使铁路行业安全监管职责，并在长期实践中形成了一套完整的制度体系。

作为国务院铁路主管部门负责全国的铁路运输安全监督管理工作，对地方铁路、专用铁路和铁路专用线进行指导、协调、监督和帮助，主要职责为加强铁路运输监督管理，建立健全事故应急救援和调查处理的各项制度，按照国家规定的权限和程序，负责组织、指挥、协调事故的应急救援和调查处理工作。内设安全监察司，由行车安全处、劳动安全处和综合处共3个处、

21人组成，主要职责为监督、指导部属单位安全生产和安全管理工作，拟定铁路行车、路外伤亡、职工伤亡等事故处理规则及安全监察工作规章和制度，组织铁路行车重大事故、重大职工死亡事故、锅炉压力容器爆炸事故的调查处理等工作。在全国铁路范围内按区域设立6个安全监察特派员办事处，每个办事处6人，作为派出机构，在授权范围内行使安全监督管理职权。

依据铁路运输安全保护条例赋予的政府职能，经中编办批准，国务院铁路主管部门按照铁路局集团公司管辖范围设立了多个铁路管理机构，负责本区域内的铁路运输安全监督管理工作。各个铁路管理机构内设安全监察室，其主要职责为加强日常的铁路运输安全监督检查，指导、督促铁路运输企业落实安全管理的各项规定，按照规定的权限和程序，组织、参与、协调本辖区内事故的调查处理工作。各铁路管理机构根据管辖区域设立铁路办事处安全监察室，行使安全管理职权。

6. 需要建立完善的信息处理平台

目前部分铁路局既有的安全保障管理系统，虽然在管内的安全管理方面发挥了一定作用，但离构建安全检查监测保障体系还有很大的差距。关键就在于这些系统大多相对独立，信息没有为安全监督管理部门所共享，安全监督部门也缺乏有效的监控手段，同时各个专业系统需要进一步规范和完善，在某种程度上均存在着网络化、综合化程度不高、功能不够健全、标准不尽统一、数据格式多样、基础数据编码不完全一致、监测信息接入标准尚不规范等问题，主要表现在以下几方面：网络化程度不高。对自然灾害的监测预警水平低。行车安全监控系统的综合程度不高。安全保障综合体系尚未建成。

因此，必须建设一个统一的网络化、综合化、集成化程度较高的安全检查监测保障体系的工作平台，即安全检查监督管理信息系统。

第四节 铁路运输安全事故处理及救援体系

铁路运输事故处理及救援体系围绕三个方面展开：铁路运输事故处理及

救援理论体系、铁路运输事故处理及救援技术体系以及铁路运输事故处理及救援管理体系。铁路运输事故处理及救援体系是事故预防、安全保障失效情况下的一种补救体系，其目标在于最大限度地降低事故的严重程度。事故发生后，如何在最短的时间内抢救伤者、减少延误和恢复正常运营是铁路运输事故处理及救援体系重点研究的问题。

一、铁路运输事故救援框架结构

构建以理论体系为基础，技术体系为手段，管理实施体系为主体的三维事故救援体系。救援综合实施体系是基于救援理论体系、技术体系和管理体系制定的救援资源优化布局、救援资源动态调度、救援方案实时生成、救援措施高效实施的综合性体系。理论体系为其提供机理指导，技术体系为其提供方法手段，管理体系为其实现系统控制。

二、铁路运输事故处理及救援理论体系

铁路运输事故处理及救援理论体系是基于第一生命特征、救援预案、联动调度以及事故再现等方面的基础性理论研究，其目的在于为技术体系、管理体系以及法规标准体系的建立提供理论依据。

（一）第一生命特征理论

事故发生后的半小时称为黄金生命半小时。第一生命特征理论研究人的生理特征，指导事故伤亡的现场自救与互救，有效地降低事故伤亡程度。

（二）救援预案理论

基于铁路运输事故的损失情况、发生位置、救援设备的布局，设计不同的救援预案，提高事故救援的应急能力及救援效率。

（三）联动调度理论

铁路运输事故发生后，各救援部门的快速响应是事故应急的最基本要求。事故的通报、调度值班人员的列车运行调整、事故救援人员的出动等均应保持相互之间的协调呼应并尽可能在最短的时间内完成。

（四）事故再现理论

事故再现理论的研究，用于指导事故再现技术的开发，分析事故发生的原因与机理，并最大限度地避免类似事故。

铁路行车事故救援理论体系包括救援规划原理、救援管理整合原理及救援综合实施原理。救援规划原理由系统时变性机理及救援资源非均衡机理构成；救援管理整合原理由救援的有序性机理、救援系统的反馈性机理、救援系统的联动性及分级救援机理构成；救援综合实施原理由系统可恢复、救援响应快速化、预防事故连锁反应及扩散效应为理论基础建立。

三、救援系统规划理论集

救援规划原理的时变性由救援系统的突变性、易损性及不确定性构成；而救援系统的非均衡性主要由救援信息的不对称性、救援资源的非均衡性及事故分布非均衡性组成。铁路行车系统是一个相对开放的空间系统，其与社会、自然环境均不断存在信息、能量交换。这一特性决定了系统自身很强的突变性及易损性，其表征为自然灾害对铁路线路的破坏及非法性行为对铁路运输安全的影响等，这客观上要求在进行系统规划设计时务必分析确定系统与自然环境及社会环境系统间交互的匹配性。铁路行车系统是非均衡性系统，其事故危险源分布具有很强的离散性及不聚集性，因此在空间体系分布上呈现一种非平衡性，如铁路沿线自然灾害的分布。而救援资源及信息由于系统初始状态的限定也呈现一定的非均衡性，其表征为事故发生后，灾害信息传输的延迟及救援时，救援物资设备的长途性运输。系统合理规划的目标就是在确保全局救援最优的前提下，寻求一种相对平衡，使救援资源、救援信息与救援相匹配。

（一）救援管理理论集

1. 系统有序性机理

救援活动的进行及救援体系的日常管理不是一种自组织行为而是一种主观行为，是救援管理层救援意识、救援理念在实施层的具体体现。这就客观上要求系统对资源的管理控制，救援信息的处理及享用呈现一定的有序性与制度性，其表征为铁路救援制度的确立及救援职责范围的确定等。系统有序性机理对系统的体制制度、运作模式从哲学有序性角度进行分析与研究，为各类体制及规章制度的建立提供理论基础。

2. 系统回馈性机理

救援管理系统与救援实施系统间存在着反馈回至性。这一特性表现在铁路事故救援方案的及时调整和救援管理体系的改动。整个救援体系就是基于以上这种动态回馈性，不断调整系统结构及运作模式使之实现对事故的快速响应。系统回馈性机理就是从救援管理体制的回馈性、救助资源配置回馈性、事故救援回馈性等3个层面对系统和事故灾害的回馈性机制及机理进行系统的研究。

3. 联动协同机理

铁路行车事故救援体系是一个综合性救援系统，涉及机、车、工、电、辆及路外众多部门。如何构建其整体联动机制，确保各子系统间的协调运作是协同理论解决的核心问题。救援行为协同理论从救援人员行为的协同管理、救援物资、设备、设施的协同调用、各类救援信息的协同共享三个方面出发确保系统对灾害事故反应的合理有序。

4. 系统分级救援机理

根据事故灾害的程度不同，其事故处理模式与方法也不同。铁路事故分级救援机理对事故灾害的划分原则、划分方式、划分依据进行了界定。此外对各级铁路事故影响范围、事故的模糊辨识、分级救援的模式与体系等关键性问题进行系统性研究，为事故灾害的分级处理提供必要的理论依据。

(二) 救援综合实施理论集

1. 救援阈值机理

任何事故均存在一定的可恢复点，如人员救助必须在一定的时间范围内予以实施，救援阈值机理就是对事故发生后受伤人员、受损物资、设备及受影响的铁路运输秩序的可恢复阈值进行系统分析与研究。建立时间与其可恢复度概率函数模型，为系统规划与设计及救援实施提供理论依据。

2. 快速响应机理

救援系统建立得合理与否很大程度上取决于救援系统对事故灾害的响应速度。快速响应机理从个体初级救助、系统综合救助、救助时滞差3个层面对快速响应机理进行研究。其中生物反馈机理从个体初级救助的角度分析其救助机理；系统反馈机理从"监测——辨识—报警—响应"救援链的角度分析救援系统对事故灾害的响应；响应时滞性机理则是在以上二者研究基础上对救助响应时滞进行研究。

3. 事故扩散机理

事故灾害发生后事故现场处于一种能量紊乱状态，如对其不进行及时处理与控制将会使事故造成危险、损失扩大化。危险控制性机理，通过对各类事故灾害类型的详细划分，确定各类灾害的产生机理、波及范围，从能量抑制、风险分散、响应时滞 3 个层面对危险控制进行研究。

4. 事故连锁机理

事故灾害的发生不是一个静态过程而是一个动态叠加过程，因此对于事故灾害的救援需从动态灾害链的角度分析事故灾害的影响及根源，从源和链的角度对事故灾害予以控制，事故链机理为其链式控制提供了必要的理论基础。

四、铁路运输事故处理及救援技术体系

铁路运输事故处理及救援技术体系基于救援理论体系，融合了应急救援前台技术以及应急救援后台技术，其核心在于强调联动性、快速性。

(一) 救援列车技术

当线路上发生事故或有大的障碍物时，前去抢修事故的列车称为救援列车。救援列车系统由牵引机车、救援起重机、吊臂平车、平车、棚车以及修理车、工具车、宿营车、餐车、工程材料车等组成，并配备有一定数量的救援人员，停放于指定车站，发生事故时可随时主动进行抢修。救援列车的工具配备、人员配置及责任分工、救援列车的编组、列车的出动等都对铁路运输事故的救援起着至关重要的作用。

(二) 线路开通技术

线路开通技术主要是根据线路的损坏情况，如何选择线路的恢复方法（便线开通或原线开通）以及修建便线、抢修线路等技术，其目的在于迅速开通线路,恢复通车。

（三）事故勘查技术

事故勘查技术是运用科学的方法,对事故现场进行实地勘验和检查,为事故再现与分析提供基础技术资料。

（四）事故再现技术

事故再现技术是事故分析的重要手段,能更好地模拟事故发生的原因、机理及过程,为避免类似事故的发生提供技术支撑。

从系统结构整体框架的设计到救援活动的管理再到救援活动的具体组织实施,其中任何一个环节存在缺陷都将影响救援系统对灾害的控制和处理。基于以上认识可将行车事故救援技术体系划分为规划设计技术群、救援管理技术群、救援实施技术群。

五、铁路运输事故处理及救援管理体系

铁路运输事故处理及救援体系是基于事故档案、救援人员培训、救援资源以及事故应急等建立起来的一套管理体系。

（一）事故档案管理

根据以往发生的事故（包括未造成损失及伤亡的险性事故）资料,分析事故发生的原因、机理及其过程,建立事故管理档案,使救援人员的培训、救援资源的配置及布局、事故应急管理等更具有针对性。

（二）人员培训管理

建立事故处理、事故救援人员培训管理机制,提高事故处理及救援的效率。

（三）救援资源管理

救援资源的管理主要包括两个方面：一是救援设施设备的引进、保养、维修等管理工作,二是救援设施设备的布局管理。根据线路周边环境、列车类别、常发事故类型以及其他因素等确定救援资源的配置。

（四）事故应急管理

根据第一生命特征、救援预案以及联动调度等建立的一套应急管理体

制，包括平时的应急培训以及事故发生时的应急指挥。基于系统论可构建救援管理实施框架体系。

救援管理体系是一个综合性体系，它又可划分为管理与实施层。其中救援管理层又可分为救援资源管理及救援实施管理两部分。救援资源管理是救援活动的基础，它包括救援人员管理、物资管理、事故资料分析与处理及救援预案库的建立等。救援方案制订是救援实施管理的核心，它依据资源管理给予的软硬件平台对事故实现迅速反应，产生相应救援方案，下达至救援实施层予以具体实施。救援实施层负责在事故发生后按照管理层下达的各项救援指令，进行现场抢险救援活动。它按照事故勘察、事故救援、事故恢复这一链式模型进行运作。

总的来说，铁路行车事故救援系统作为一个复杂大系统，对未来铁路的发展是十分必要的。它有助于系统性、协同性、前瞻性和科学性地把握铁路行车事故救援中的问题。研究铁路行车事故救援的结构体系，以便进一步开展铁路行车事故救援的研究工作。通过建立的包括理论、技术、管理实施三要素的研究体系力求反映铁路运输行车事故救援的内在要求，有利于铁路行车事故救援研究在广度和深度上的进一步拓展。

第五章 公路运输安全管理

第一节 公路运输基础

一、公路运输的相关概念

公路是公共道路的简称，指连接城市、乡村和工矿基地，主要供汽车行驶并具备一定技术标准和设施的道路。道路指供各种车辆和行人等通行的工程设施，按其服务对象不同分为公路、城市道路、厂矿道路、林区道路、乡村道路及港区道路等。

可见，道路的外延大于公路，相应的，道路运输包括了传统意义上的公路运输。道路运输是指在道路上实现旅客和货物空间位移的经济活动，是构成现代交通运输体系的 5 种运输方式之一。道路运输范围包括了道路旅客运输、道路货物运输和道路运输相关业务。其中道路运输相关业务包括道路运输场站经营、机动车维修、驾驶员培训等，目前也有大多数省份已经将道路运输无车承运人、汽车租赁等纳入道路运输相关业务范围。

从广义来说，道路运输是指货物和旅客借助一定的交通工具沿着道路（一般土路、有路而铺装的道路、高速公路），朝着某个方向有目的移动的过程。从狭义来说，道路运输是指汽车运输。

二、公路运输的特点、作用和分类

（一）公路运输的特点

灵活方便性。道路运输机动、灵活、方便，可以延伸到地球的各个角落，时空自由度最大。

广泛适用性。道路网纵横交错、干支结合，比其他运网稠密得多，适合各种用途、范围、层次、批量、条件的运输。

快速及时性。汽车运输可实现"门到门"运输，减少中间环节，缩短运输时间，便捷快速，非常适合现代市场经济发展的需要。随着道路条件、汽车结构性能的改善，其经济运距也大大延长，更具有重大社会经济意义。

公用开放性。道路运输是一种全民皆可利用的运输方式，凡拥有汽车的社会和个人均可使用道路这一基础设施。

投资效益高。汽车运输始建投资少，回收快。道路建设虽然投资大，但由于成本回收快，且兴办道路的地方收益大，故筹资渠道多，兴建较容易。

经济效应大。道路运输的发展可直接带动汽车工业等相关产业的发展。

以上特点，使道路运输特别适应现代经济的生产方式和流通的需要，因而获得巨大发展。道路运输的主要缺点是：石油资源消耗多，引发的交通事故多，污染环境。但随着科技进步，这些缺陷正在不断得到改善。

（二）公路运输的作用

公路运输（主要是公路运输）在国民经济中具有十分重要的作用，主要表现在以下几个方面：

1. 对社会经济发展起着基础保证作用

公路运输既是保证社会生产、经济生活及其他各领域正常化的基本前提条件，又是促进社会经济发展的先决条件，对社会经济的发展起基础保障作用。

2. 对国民经济发展起着重要桥梁作用

从宏观经济领域来看，在生产、分配、交通、消费4个环节中，运输是各环节得以连续运转的桥梁。从微观经济领域来看，在产、供、运、销4个环节中，运输不仅仅是其中重要的环节之一，而且是4个环节得以联系和互为整体的条件。在各环节都离不开运输活动为之提供的服务。

3. 对人民生活水平的提高起着重要推动作用

在人们的日常生活中，运输不仅是生活的基本要求，而且是提高"衣、食、住"等要素水平的条件。随着人们生活水平和生活质量的日益提高，对"行"的要求也越来越高。

4. 对提高人们生活和生产效率起着重要促进作用

现代公路运输，尤其迅速发展的高速公路运输业的逐渐完善，能产生良好的时空效应，大大缩短时间和空间的"距离"，改变人们的时空观念，大量节省时间和缩小空间，减少中途积压资金，提高人们生活和生产效率。

5. 在综合运输体系中起着重要纽带作用

在综合运输体系中，与人们生产和生活联系的铁路、城市轨道、水路、民航、港口和管道等运输方式均不能实现门到门的运输，只有公路运输可以。因此，公路运输承担着对其他各种运输方式集运、疏运、衔接等任务，使其他各种运输方式的运输得以联系贯通。

6. 对国防建设发挥着重大作用

国防建设离不开现代交通运输系统，而现代公路运输也是形成快速可靠的军事后勤保障体系的一种主要运输方式，会极大地提高军队快速反应和军需供给能力，有力地保障国家安全、保证战争的胜利和边防的巩固。

（三）道路运输的分类

道路运输按标准不同，可以分为以下几类：

按运输的对象，可以分为道路旅客运输和道路货物运输。

按性质可以分为非营业性道路运输和营业性道路运输。非营业性道路运输指为个人成本单位生产、生活服务，不发生费用结算的道路运输；营业性道路运输指为社会提供劳务、发生费用结算的道路运输。

按运输工具可以分成由汽车、拖拉机、摩托车等构成的机动车运输和由人力板车、三轮车等构成的非机动车运输。

第二节　公路运输设施与设备

道路运输系统由道路运输设施（线路及场站）、运输设备（车辆）、运输对象（旅客和货物）及劳动者（驾驶员）构成。

一、公路运输设施

（一）公路的组成

公路主要由路段（路基和路面）、桥梁与涵洞、隧道、公路渡口、防护及支撑工程、公路用地及公路附属设施组成。

1. 路基

路基是公路的基本结构，是支撑路面结构的基础，与路面共同承受行车荷载的作用，同时承受气候变化和各种自然灾害的侵蚀和影响。路基结构形式可以分为填方路基（路堤）、挖方路基（路堑）和半填半挖路基3种形式。

2. 路面

路面是铺筑在公路路基上与车轮直接接触的结构层，承受和传递车轮荷载，承受磨耗，经受自然气候和各种自然灾害的侵蚀和影响，修筑高等级道路面层所用的材料主要有沥青混凝土和水泥混凝土。其他等级路面材料还有碎石、黏土、砂、石灰及其他工业废料等。对路面的基本要求是具有足够的强度、稳定性、平整度、抗滑性能等。路面结构一般由面层、基层、底基层与垫层组成。

3. 桥涵

桥涵是指公路跨越水域、沟谷和其他障碍物时修建的构造物。单孔跨径小于5m或多孔跨径之和小于8m称为涵洞，大于这一规定值则称为桥梁。

4. 公路隧道

公路隧道通常是指建造在山岭、江河、海峡和城市地面下，供车辆通过的工程构造物。按所处位置，公路隧道可分为山岭隧道、水底隧道和城市隧道。

5. 公路渡口

公路渡口是指以渡运方式供通行车辆跨越水域的基础设施。码头是公路渡口的组成部分，可分为永久性码头和临时性码头。

6. 交叉路口

交叉路口分为平面交叉、环形交叉、立体交叉。

7. 交通工程及沿线设施

公路交通工程及沿线设施是保证公路功能、保障安全行驶的配套设施，是现代公路的重要标志。公路交通工程主要包括交通安全设施、监控系统、收费系统、通信系统四大类，如护栏、隔离带、绿化带、里程碑、交通标志、道路照明。沿线设施主要是指与这些系统配套的服务设施、房屋建筑等，如加油站、停车场、饭店、旅馆。

（二）公路标准横断面组成及形式

1. 概念及组成

横断面是指中线上各点的法向切面，它是由横断面设计线和地面线所构成多边形截面。横断面多采用槽型截面。公路横断面设计线包括行车道、路肩、分隔带、边沟边坡、截水沟、护坡道以及取土坑、弃土堆、环境保护等设施。高速公路和一级公路还有变速车道、爬坡车道等。

公路路幅是指公路路基顶面两路肩外侧边缘之间的部分。对于路幅有两种布置方式，一种是有分隔带，一种是无分隔带。等级高、交通量大的公路（如高速公路，一级公路）适用于第一种方式，通常是将上、下行车辆分开。分隔的方式有两种：一种是用分隔带分隔，另一种是将上、下行车道放在不同的平面上加以分隔；前者称作整体式断面，后者称作分离式断面。整体式断面包括行车道、中间带、路肩以及紧急车带、爬坡车道等组成部分。不设分隔带的整体式断面（如二、三、四级公路）包括行车道、路肩以及错车道等，应根据道路的实际情况选用。

2. 形式

单幅双车道，单幅双车道公路指的是整体式的双车道公路。这类公路的交通量范围大，最高可达7000辆/昼夜，行车速度为20~80km/h，二级公路、三级公路和一部分四级公路都属于这一种。此类公路的最大缺点是混合交通所造成的交通干扰。

双幅多车道，四车道、六车道和更多车道的公路，中间一般都设中间带或做成分离式路基而构成"双幅"路。有些分离式路基为了利用地形或处于风景区等原因甚至做成两条独立的单向行车的道路。这种类型的公路设计车速高、通行能力大，每条车道能担负的交通量比一条双车道公路的还多，而且行车顺适、事故率低。高速公路和一级公路的主要差别在是否全立交和全封闭以及各种服务设施、安全设施、环境美化等方面的完备程度。

单车道，对交通量小、地形复杂、工程艰巨的山区公路或地方性道路，可采用单车道，我国公路工程技术标准中的山区四级公路路基宽度为4.50m，路面宽度为3.50m的就属于此类。此类公路虽然交通量很小，但仍然会出现错车和超车，为此，应在不大于300m的距离内选择再利地点设置错车道，使驾驶员能够看到相邻两错车道驶来的车辆。错车道处的路基宽度≥6.5m，有效长度≥20m。

（三）路面结构层的构成及作用

1. 面层

面层位于整个路面结构的最上层。它直接承受行车荷载的垂直力、水平力以及车身后所产生的真空吸力的反复作用，同时受到降雨和气温变化的不利影响最大，是最直接地反映路面使用性能的层次。因此，与其他层次相比，面层应具有较高的结构强度、刚度和稳定性，并且耐磨、不透水，其表面还应具有良好的抗滑性和平整度。道路等级越高、设计车速越大，对路面抗滑性、平整度的要求越高。

修筑高等级道路面层所用的材料主要有沥青混凝土和水泥混凝土等。

沥青面层往往由2、3层构成。表面层有时称磨耗层，用来抵抗水平力和轮后吸力引起的磨耗和松散，可用沥青玛蹄脂碎石混合料或沥青混凝土铺筑。中向层、下面层为主面层，它是保证面层强度的主要部分，可用沥青混凝土铺筑。

面层由承重层、磨耗层和保护层组成。其中，承重层主要承受车辆的垂直载荷，是面层的主要部分。耗散层承受车轮的水平力和吸附力，同时也受到气温、湿度等自然因素的影响。保护层的主要作用是保护磨耗层，延长磨耗层使用寿命。

2. 基层

基层位于面层之下，垫层或路基之上。基层主要承受面层传递的车轮垂直力的作用，并把它扩散到垫层和土基，基层还可能受到面层渗水以及地下水的侵蚀。故需选择强度较高，刚度较大，并有足够水稳性的材料。

用来修筑基层的材料主要有水泥、石灰、沥青等稳定土或稳定粒料（如碎石、砂砾），工业废渣稳定土或稳定粒料，各种碎石混合料或天然砂砾。

基层可分两层铺筑，其上层称基层或上基层，起主要承重作用，下层则称底基层，起次要承重作用。底基层材料的强度要求比基层略低些，可充分利用当地材料，以降低工程造价。

3. 垫层

垫层是介于基层与土基之间的层次。并非所有的路面结构中都需要设置，垫层，只有在土基处于不良状态，如潮湿地带、湿软上基、北方地区的冻胀土基等，才应该设置垫层，以排除路面、路基中滞留的自由水，确保路面结构处于干燥或中湿状态。

垫层主要起隔水（地下水、毛细水）、排水（渗入水）、隔温（防冻胀、翻浆）作用，并传递和扩散由基层传来的荷载应力，保证路基在容许应力范围内工作。

修筑垫层的材料，强度不一定很高，但隔温、隔水性要好，一般以就地取材为原则，选用粗砂、砂砾、碎石、煤渣、矿渣等松散颗粒材料，或采用水泥、石灰煤渣稳定的密实垫层。一些发达国家采用聚苯乙烯板作为隔温材料。

值得注意的是，如果选用松散颗粒透水性材料作垫层，其下应设置防淤、防污用的反滤层或反滤织物（如土工布等），以防止路基土挤入垫层而影响其工作性能。

二、高速公路设施

高速公路，简称高速路，是指专供汽车高速行驶的公路。高速公路在不同国家地区、不同时代和不同的科研学术领域有不同规定。高速公路是经济发展到一定阶段的必然产物，是一个国家现代化水平的重要标志之一。

（一）线路设计

高速公路全程控制车辆进出，一级公路可根据需要部分控制车辆进出。

高速公路是全封闭汽车专用公路，一级公路可以是全封闭、半封闭或开放式公路，适用场合比高速公路广泛，但技术指标相对较低。

高速公路是根据技术等级划分出来的公路类型，级别高于一级公路、二级公路、三级公路、四级公路和等外公路。高速公路与路网地位等级分类下的国道或省道，互为交叉关系，即高速公路在路网中是国道或省道的一部分。在城市道路系统中，快速路可以采用高速公路标准建设，因为高速路与快速路的基本结构特点是一致的。高速公路网与高速公路概念不同，高速公路网不仅包含满足技术等级标准的高速公路线路，而且涵盖一部分承担高速运输职能的快速路线路，其多为封闭式一级公路，常与其他高速公路联网收费。高速公路与一级公路同属于高等级公路。

（二）高速公路的结构功能

高速公路全线路段以立体交叉形式越过其他交通线路，并在适当位置与其他重要公路线路衔接互通。线路经大城市时多为绕城而过，如必须直穿城市内部交通繁忙区，以高架桥或隧道形式贯通。

高速公路平面线形以圆曲线加缓和曲线为主，并重视平、纵、横三维空间立体线形设计。路面多采用磨光值高的坚质材料（如改良沥青），以减少路表液面飘滑和射水现象。为了保障行车安全，路缘带用行车道的外侧标线或用与路面不同颜色材料铺成。硬路肩为临时停车用，也需用较高级材料铺成。在陡而长的上坡路段，当重型汽车较多时，还要在车行道外侧另设爬坡车道。必要时，每隔2～5km在车行道外侧加设宽3m、长10～20m的专用临时停车带。高速公路途经山岭重丘地段时，常采用拉长距离、降缓坡度的方式（如设U形弯道或其他展线），以减少连续下坡或陡峭斜坡所带来的安全隐患。

（三）高速公路组成部分

高速路面包括主道、匝道和辅助车道三大部分。主道即车行道，根据不同数量由左向右依次设为超车道、快车道和慢车道（行车道）。匝道形式复杂多样，根据具体功能细分为立交匝道、加速车道、减速车道、引道、集散车道以及转向匝道等。辅助车道有应急车道（紧急停车带）、掉头车道、爬坡车道、避险车道以及降温池车道等。有些高速公路为保留原有普通公路的功能，还需在主道两侧设平行辅道。除路面车道外，高速公路还包括路基、路堤边坡、边沟、路肩（硬路肩和保护性路肩）等基础构造部分。

（四）高速公路种类形式

根据道路规模，高速公路分为双向四车道、双向六车道和双向八车道3种，对应交通量分别为每日小型载客汽车为15000～55000辆次、45000～80000辆次和60000～100000辆次。

根据设计速度高速公路分为60km/h（极端情况）、80km/h、100km/h和120km/h 4个等级，分别对应山岭区、重丘区、微丘区和平原区（实际情况，部分山岭重丘路段提速至100km/h以上）。

根据路网地位，高速公路分为国家高速公路和省级高速公路，省级高速公路还细分次干线和支线路段。

根据线位走向，高速公路分为纵线、横线、放射线、环线、联络线和支线，采用不同编号方式加以区分。

根据具体功能，高速公路在以上分类的基础上，进一步细分出环城高速公路、机场高速公路等多种类型。

其他分门别类还可分为山区高速公路、城镇高速公路、沙漠高速公路、省（州）际高速公路、合资高速公路等。

随着技术发展，高速公路呈现多种新形态，如可供6机起降的交通战备高速公路、可供车辆充电的超级高速公路。

（五）高速公路配套设施

1. 安全设施

高速公路安全设施主要有标志标线、电子显示、防撞护栏、视线诱导、防眩挡板、隔离栅栏、防落网、防风沙雪栅、积雪标杆、减速带、桥隧应急逃生通道及其防火通风排水等设施，设置多种自然灾害预警系统。在山岭重丘路段，常设有加水站、检修站、降温池，并设有警示作用的交通路牌标线，还有特殊防撞护墙。中央分隔带开始逐渐采用预应力防撞护栏，既不影响活动开口功能，又改善活动开口处防撞等级低的缺点。

2. 服务设施

高速公路沿线平均每隔 50km 处设服务区，内设加油站、停车场、休息室、餐饮店、卫生间和汽修厂等。服务区是高速公路内部重要的配套设施，能为长距离行车提供必要的安全保障。其建筑设计与景观设计相结合，科学选址，需要与周边山水环境相协调，注重社会信息传递与交流，合理规划复杂功能布局，保留特色建筑风貌和传统聚落空间格局，实现服务区内人车分流和安全通畅，区内设施运用节能技术保护环境。

3. 管理设施

高速公路管理设施包括通信、配电、监控、照明、收费和养护等，沿线设有管理中心以及交警大队站点。通信、监控和收费是高速公路的三大管理系统，可远程监视交通状况、控制车辆进出高速公路。当发生道路交通事故时，指挥中心通过无线通信方式联系现场，派出救援车或直升机，现场也能通过道路侧配置的应急电话联系指挥中心寻求帮助。照明方式主要分为路灯和反光标志两种，设计日趋多元化。

4. 绿化设施

高速公路拥有专门的绿化工程，主要集中在中央分隔带和两侧护栏外。绿化工程不仅能保持公路沿线自然景观，美化道路，而且能防止夜间对向车辆的眩光干扰驾驶，增强行车安全，还能防止沿线山体边坡泥石脱落，维护植被。当高速公路经过城镇建筑区域时，为降低噪音污染，采用声屏障技术，设置声障墙和防噪堤，同时采用低噪音路面，配合绿化林可将噪音减小至几分贝，还能吸收汽车排出的污染气体，增强沿线环境保护。

第三节　道路运输行政管理

一、公路路政管理

路政管理是指县级以上人民政府交通主管部门或者其设置的公路管理机构，为维护公路管理者、经营者、使用者的合法权益，根据有关法律、法规和规章的规定，对公路、公路用地及公路附属设施（以下统称"路产"）实施保护的行政管理。

公路路政管理业务主要包括公路两侧建筑控制区管理、超重超限运输车辆管理、公路费收与税收管理及其他涉及路产和路权的事务管理等，以下主要介绍前两项内容。

（一）公路建筑控制区

公路建筑控制区是指根据法律规定在公路两侧一定的范围内禁止修建永久性建筑物和构筑物，原有的建筑物和构筑物不得扩建，埋设管线、电缆及修建临时性工程设施应经交通主管部门批准的划定区域。

公路建筑控制区和公路用地不同。公路用地是指公路两侧边沟（或者截水沟）以外不少于1m范围以内的公路实际占用的土地，是公路路产的一部分，属于国家建设用地，在公路建设之初已先行征为国有。而公路建筑控制区则是公路两侧对建筑物和构筑物建设进行控制管理的区域，对土地所属性质未加限制（即权属性质不变）。

（二）公路建筑控制区的范围

公路建筑控制区的范围是指公路两侧边沟外缘以外禁止修建固定筑物和地面构筑物区域的水平宽度。它不仅要对一般建筑物和地面构筑物规定范围，对规划和新建的村镇、开发区也应规定范围。

按规定，公路建筑控制区范围从公路用地外缘起向外的距离标准为：国道不少于20m，省道不少于15m，县道不少于10m，乡道不少于5m。高速公路的公路建筑控制区范围从公路用地外缘起向外的距离标准不少于30m。公路弯道内侧、互通立交以及平面交叉道口的建筑控制区范围根据安全视距等要求确定。公路建筑控制区与铁路线路安全保护区、航道保护范围、河道管理范围或者水利工程管理和保护范围重叠的，经公路管理机构和铁路管理机构、航道管理机构、水行政主管部门或者流域管理机构协商后划定。

在公路建筑控制区内，除公路保护需要外，禁止修建建筑物和地面构筑物；公路建筑控制区划定前已经合法修建的不得扩建，因公路建设或者保障公路运行安全等原因需要拆除的应当依法给予补偿。在公路建筑控制区外修建的建筑物、地面构筑物以及其他设施不得遮挡公路标志，不得妨碍安全视距。

新建村镇、开发区、学校和货物集散地、大型商业网点、农贸市场等公共场所，与公路建筑控制区边界外缘的距离应当符合下列标准，并尽可能在公路一侧建设，国道、省道不少于50m，县道、乡道不少于20m。

二、道路运政管理

道路运政管理包括公路和城市道路的运政管理。其目的是维护道路运输市场秩序，保障道路运输安全，保护道路运输有关各方当事人的合法权益，促进道路运输业的健康发展。

（一）道路客运管理

道路客运经营是指使用客车运送旅客、为社会公众提供服务、具有商业性质的道路客运活动，包括班车（加班车）客运、包车客运、旅游客运。班车客运是指客车在城乡道路上按照固定的线路、时间、站点、班次运行的一种客运方式。加班车客运是班车客运的一种补充形式，是在客运班车不能满足需要或者无法正常运营时，临时增加或者调配客车按客运班车的线路、站点运行的方式。包车客运是指以运送团体旅客为目的，将客车包租给用户安排使用，提供驾驶劳务，按照约定的起始地、目的地和路线行驶，由包车用户统一支付费用的一种客运方式。旅游客运是指以运送旅游观光的旅客为目的，在旅游景区内运营或者其线路至少有一端在旅游景区（点）的一种客运方式。

道路客运管理是指国家各级交通主管部门对道路客运经营的行政管理，主要任务包括道路客运市场需求管理和市场秩序管理两个方面。为规范道路旅客运输及道路旅客运输站经营活动，维护道路旅客运输市场秩序，保障道路旅客运输安全，保护旅客和经营者的合法权益，交通运输部通过了道路旅客运输及客运站管理规定。从事道路客运经营以及道路客运站经营的，应当遵守本规定。

道路客运和客运站管理应当坚持"以人为本、安全第一"的宗旨，遵循公平、公正、公开、便民的原则，打破地区封锁和垄断，促进道路运输市场的统一、开放、竞争、有序，满足广大人民群众的美好出行需求。道路客运及客运站经营者应当依法经营，诚实守信，公平竞争，优质服务。鼓励道路客运和客运站相关行业协会加强行业自律。

交通运输部主管全国道路客运及客运站管理工作，县级以上地方人民政府交通运输主管部门负责组织领导本行政区域的道路客运及客运站管理工作，县级以上道路运输管理机构负责具体实施道路客运及客运站管理工作。

1. 道路客运经营管理

客运经营者应当按照道路运输管理机构决定的许U事项从事客运经营活动，不得转让、出租道路运输经营许可证件。

道路客运班线属于国家所有的公共资源。班线客运经营者取得经营许可后，应当向公众提供连续运输服务，不得擅自暂停、终止或者转让班线运输。

在重大活动、节假日、春运期间、旅游旺季等特殊时段或者发生突发事件，客运经营者不能满足运力需求的，道路运输管理机构可以临时调用车辆技术等级不低于二级的营运客车和社会非营运客车开行包车或者加班车。非营运客车凭县级以上道路运输管理机构开具的证明运行。

客运班车应当按照许可的起讫地、日发班次下限和备案的途经路线运行，在起讫地客运站点和中途停靠地客运站点（以下统称配客站点）上下旅客。客运班车不得在规定的配客站点外上客或者沿途揽客，无正当理由不得改变途经路线。客运班车在遵守道路交通安全、城市管理相关法规的前提下，可以在起讫地、中途停靠地所在的城市市区、县城城区沿途下客。重大活动期间，客运班车应当按照相关道路运输管理机构指定的配客站点上下旅客。

客运经营者不得强迫旅客乘车，不得将旅客交给他人运输，不得甩客，不得敲诈旅客，不得使用低于规定的类型等级营运客车承运，不得阻碍其他经营者的正常经营活动。

严禁营运客车超载运行，在载客人数已满的情况下，允许再搭乘不超过核定载客人数 10% 的免票儿童。

客车不得违反规定载货。客运站经营者受理客运班车行李舱载货运输业务的，应当对托运人有效身份信息进行登记，并对托运物品进行安全检查或者开封验视，不得受理有关法律法规禁止运送、可能危及运输安全和托运人拒绝安全检查的托运物品。客运班车行李舱装载托运物品时，应当不超过行李舱内径尺寸、不大于客车允许最大总质量与整备质量和核定载客质量之差，并合理均衡配重；对于容易在舱内滚动、滑动的物品应当采取有效的固定措施。

客运经营者应当遵守有关运价规定，使用规定的票证，不得乱涨价、恶意压价、乱收费。

2. 客运经营站管理

客运站经营者应当按照道路运输管理机构决定的许可事项从事客运站经营活动，不得转让、出租客运站经营许可证件，不得改变客运站用途和服务功能。客运站经营者应当维护好各种设施、设备，保持其正常使用。

客运站经营者和进站发车的客运经营者应当依法自愿签订服务合同，双方按合同的规定履行各自的权利和义务。

客运站经营者应当依法加强安全管理，完善安全生产条件，健全和落实安全生产责任制。客运站经营者应当对出站客车进行安全检查，采取措施防止危险品进站上车，按照车辆核定载客限额售票，严禁超载车辆或者未经安全检查的车辆出站，保证安全生产。

客运站经营者应当将客运线路、班次等基础信息接入省域道路客运联网售票系统。鼓励客运站经营者为旅客提供网络售票、自助终端售票等多元化售票服务。鼓励电子客票在道路客运行业的推广应用。

鼓励客运站经营者在客运站所在城市市区、县城城区的客运班线主要途经地点设立停靠点，提供售检票、行李物品安全检查和营运客车停靠服务。

客运站经营者设立停靠点的，应当向原许可机关备案，并在停靠点显著位置公示客运站"道路运输经营许可证"等信息。

客运站经营者应当禁止无证经营的车辆进站从事经营活动，无正当理由不得拒绝合法客运车辆进站经营。客运站经营者应当坚持公平、公正原则，合理安排发车时间，公平传票。

客运站经营者应当公布进站客车的班车类别、客车类型等级、运输线路起讫停靠站点、班次、发车时间、票价等信息，调度车辆进站发车，疏导旅客，维持秩序。

客运站经营者应当设置旅客购票、候车、乘车指示、行李寄存和托运、公共卫生等服务设施，按照有关规定为军人、消防救援人员等提供优先购票乘车服务，并建立老幼病残孕等特殊旅客服务保障制度，向旅客提供安全、便捷、优质的服务，加强宣传，保持站场卫生、清洁。客运站经营者在不改变客运站基本服务功能的前提下，可以根据客流变化和市场需要，拓展旅游集散、邮政、物流等服务功能。客运站经营者从事前款经营活动的，应当遵守相应的法律、行政法规的规定。

3. 监督检查

县级以上道路运输管理机构应当每年对客运车辆进行一次审验。审验内容包括：车辆违法违章记录、车辆技术等级评定情况、车辆类型等级评定情况、按照规定安装、使用符合标准的具有行驶记录功能的卫星定位装置情况、客运经营者为客运车辆投保承运人责任险情况。审验符合要求的，道路运输管理机构在"道路运输证"中注明；不符合要求的，应当责令限期改正或者办理变更手续。

县级以上道路运输管理机构应当加强对道路客运和客运站经营活动的监督检查。县级以上道路运输管理机构工作人员应当严格按照法定职责权限和程序，原则上采取随机抽取检查对象、随机选派执法检查人员的方式进行监督检查，监督检查结果应当及时向社会公布。

道路运输管理机构的列车作人员实施监督检查时，应当有 2 名以上人员参加，并向当事人出示合法有效的交通运输行政执法证件。

道路运输管理机构的工作人员在实施道路运输监督检查过程中，发现客运车辆有超载行为的，应当立即予以制止，移交相关部门处理，并采取相应措施安排旅客改乘。

道路运输管理机构的工作人员可以向被检查单位和个人了解情况，查阅和复制有关材料，但应当保守被调查单位和个人的商业秘密，被监督检查的单位和个人应当接受道路运输管理机构及其工作人员依法实施的监督检查，如实提供有关资料或者说明情况。

县级以上道路运输管理机构应当对客运经营者拟投入车辆和聘用驾驶员承诺、进站承诺履行情况开展检查。

客运经营者未按照许可要求落实拟投入车辆承诺或者聘用驾驶员承诺的，原许可机关可以依法撤销相应的行政许可决定；班车客运经营者未按照许可要求提供进站协议的，原许可机关应当责令限期整改，拒不整改的，可以依法撤销相应的行政许可决定。

原许可机关应当在客运站经营者获得经营许可 60 日内，对其告知承诺情况进行核查。客运站经营者应当按照要求提供相关证明材料。客运站经营者承诺内容与实际情况不符的，原许可机关应当责令限期整改；拒不整改或者整改后仍达不到要求的，原许可机关可以依法撤销相应的行政许可决定。

客运经营者在许可的道路运输管理机构管辖区域外违法从事经营活动的，违法行为发生地的道路运输管理机构应当依法将当事人的违法事实、处罚结果记录到"道路运输证"上，并抄告作出道路客运经营许可的道路运输管理机构。

道路运输管理机构应当在道路运政管理信息系统中如实记录道路客运经营者、客运站经营者、网络平台、从业人员的违法行为信息，并按照有关规定将违法行为纳入有关信用信息共享平台。

（二）道路货运管理

1. 道路货运管理相关概念

道路货物运输经营是指为社会提供公共服务、具有商业性质的道路货物运输活动。道路货物专用运输是指使用集装箱、冷藏保鲜设备、罐式容器等专用车辆进行的货物运输。

道路货物运输站（场）（以下简称"货运站"），是指以场地设施为依托，为社会提供有偿服务的具有仓储、保管、配载、信息服务、装卸、理货等功能的综合货运站（场）、零担货运站、集装箱中转站、物流中心等经营场所。

危险货物运输是指使用专用车辆，对按国家有关规定属于易燃、易爆、有毒、有腐蚀性、有放射性等危险货物，通过道路运输进行的经营或非经营性活动。道路危险货物运输管理规定：凡从事营业性危险货物运输装卸的经营业户和从事非经营性道路危险货物运输的企事业单位，都必须经设区的市级道路运输管理机构审查批准，除具备一般货物运输的开业条件外，还应具备危险货物运输的开业条件或运输条件。

道路货运管理是指国家交通主管部门对道路货运经营活动的行政管理，其核心内容是对道路货运市场进行管理，包括对货运市场的需求和监督管理。其中，交通运输部主管全国对道路货物运输和货运站的管理工作；县级以上地方人民政府交通运输主管部门负责组织领导本行政区域的道路货物运输和货运站管理工作。县级以上道路运输管理机构具体实施本行政区域的道路货物运输和货运站管理工作。

2. 货运经营管理

道路货物运输经营者应当按照"道路运输经营许可证"核定的经营范围从事货物运输经营，不得转让、出租道路运输经营许可证件。

道路货物运输经营者应当按照国家有关规定在其重型货运车辆、牵引车上安装、使用行驶记录仪，并采取有效措施，防止驾驶人员连续驾驶时间超过4个小时。

道路货物运输经营者应当聘用按照规定要求持有从业资格证的驾驶人员。道路货物运输经营者应当要求其聘用的车辆驾驶员随车携带按照规定要求取得的"道路运输证"。"道路运输证"不得转让、出租、涂改、伪造。

运输的货物应当符合货运车辆核定的载重量，载物的长、宽、高不得违反装载要求。禁止货运车辆违反国家有关规定超限、超载运输。禁止使用货运车辆运输旅客。

从事大型物件运输的车辆，应当按照规定装置统一的标志和悬挂标志旗；夜间行驶和停车休息时应当设置标志灯。

道路货物运输经营者不得运输法律、行政法规禁止运输的货物。道路货物运输经营者在受理法律、行政法规规定限运、凭证运输的货物时，应查验并确认有关手续齐全有效后方可运输。货物托运人应当按照有关法律、行政法规的规定办理限运、凭证运输手续。

道路货物运输经营者不得采取不正当手段招揽货物、垄断货源。不得阻碍其他货运经营者开展正常的运输经营活动。道路货物运输经营者应当采取有效措施，防止货物变质、腐烂、短少或者损失。

道路货物运输经营者和货物托运人应当按照法律要求，订立道路货物运输合同。鼓励道路货物运输经营者采用电子合同、电子运单等信息化技术，提升运输管理水平。

国家鼓励实行封闭式运输。道路货物运输经营者应当采取有效的措施，防止货物脱落、扬撒等情况发生。

道路货物运输经营者应当制定有关交通事故、自然灾害、公共卫生以及其他突发公共事件的道路运输应急预案。应急预案应当包括报告程序、应急指挥、应急车辆和设备的储备以及处置措施等内容。

发生交通事故、自然灾害、公共卫生以及其他突发公共事件，道路货物运输经营者应当服从县级以上人民政府或者有关部门的统一调度、指挥。

道路货物运输经营者应当严格遵守国家有关价格法律、法规和规章的规定，不得恶意压价竞争。

3. 货运站经营管理

货运站经营者应当按照经营许可证核定的许可事项经营，不得随意改变货运站用途和服务功能。

货运站经营者应当依法加强安全管理，完善安全生产条件，健全和落实安全生产责任制。

货运站经营者应当按照货物的性质、保管要求进行分类存放，危险货物应当单独存放，保证货物完好无损。

货物运输包装应当按照国家规定的货物运输包装标准作业，包装物和包装技术、质量要符合运输要求。

货运站经营者应当按照规定的业务操作规程进行货物的搬运装卸。搬运装卸作业应当轻装、轻卸，堆放整齐，防止混杂、撒漏、破损，严禁有毒、易污染物品与食品混装。

货运站经营者应当严格执行价格规定，在经营场所公布收费项目和收费标准。严禁乱收费。

进入货运站经营的经营业户及车辆，经营手续必须齐全。货运站经营者应当公平对待使用货运站的道路货物运输经营者，禁止无证经营的车辆进站从事经营活动，无正当理由不得拒绝道路货物运输经营者进站从事经营活动。

货运站经营者不得垄断货源、抢装货物、扣押货物。

货运站要保持清洁卫生，各项服务标志醒目。

货运站经营者经营配载服务应当坚持自愿原则，提供的货源信息和运力信息应当真实、准确。

货运站经营者不得超限、超载配货，不得为无道路运输经营许可证或证照不全者提供服务；不得违反国家有关规定，为运输车辆装卸国家禁运、限运的物品。

货运站经营者应当建立和完善各类台账和档案，并按要求报送有关信息。

4. 道路运输管理监督检查

道路运输管理机构应当加强对道路货物运输经营和货运站经营活动的监督检查。道路运输管理机构工作人员应当严格按照职责权限和法定程序进行监督检查。

县级以上道路运输管理机构应当定期对配发"道路运输证"的货运车辆进行审验，每年审验一次。审验内容包括车辆技术等级评定情况、车辆结构及尺寸变动情况和违章记录等。审验符合要求的，道路运输管理机构在"道路运输证"审验记录中或者IC卡注明；不符合要求的，应当责令限期改正或者办理变更手续。

道路运输管理机构及其工作人员应当重点在货运站、货物集散地对道路货物运输、货运站经营活动实施监督检查。此外，根据管理需要，可以在公路路口实施监督检查，但不得随意拦截正常行驶的道路运输车辆，不得双向拦截车辆进行检查。

道路运输管理机构的工作人员可以向被检查单位和个人了解情况，查阅和复制有关材料。但是，应当保守被调查单位和个人的商业秘密。

被监督检查的单位和个人应当接受道路运输管理机构及其工作人员依法实施的监督检查，如实提供有关情况或者资料。

道路运输管理人员在货运站、货物集散地实施监督检查过程中，发现货运车辆有超载行为的，应当立即予以制止，装载符合标准后方可放行。

道路货物运输经营者违反本规定的，县级以上道路运输管理机构在作出行政处罚决定的过程中，可以按照行政处罚法的规定将其违法证据先行登记保存。作出行政处罚决定后，道路货物运输经营者拒不履行的，作出行政处罚决定的道路运输管理机构可以将其拒不履行行政处罚决定的事实通知违法车辆军籍所在地道路运输管理机构，作为能否通过车辆年度审验和决定质量信誉考核结果的重要依据。

道路运输管理机构的工作人员在实施道路运输监督检查过程中，对没有"道路运输证"又无法当场提供其他有效证明的货运车辆可以予以暂扣，并出具"道路运输车辆暂扣凭证"。对暂扣车辆应当妥善保管，不得使用，不得收取或者变相收取保管费用。违法当事人应当在暂扣凭证规定时间内到指定地点接受处理。逾期不接受处理的，道路运输管理机构可依法作出处罚决定，并将处罚决定书送达当事人。当事人无正当理由逾期不履行处罚决定的，道路运输管理机构可申请人民法院强制执行。

三、运输车辆管理

（一）机动车管理

机动车管理主要包括机动车的登记、牌证、标志、保险、检验、报废等内容。

1. 机动车的登记

国家对机动车实行登记制度。机动车经公安机关交通管理部门登记后，方可上道路行驶。尚未登记的机动车，需要临时上道路行驶的，应当取得临时通行牌证。申请道路行驶尚未登记的机动车，需要临时上道路行驶的，应当取得临时通行牌证。申请机动车登记，应当提交以下证明、凭证：机动车所有人的身份证明；机动车来历证明；机动车整车出厂合格证明或者进口机动车进口凭证；车辆购置税的完税证明或者免税凭证；法律、行政法规规定应当在机动车登记时提交的其他证明、凭证。

2. 机动车的牌证

机动车登记证书、号牌和行驶证由公安机关交通管理部门审查和发放。公安机关交通管理部门以外的任何单位或者个人不得发放机动车号牌或者要求机动车悬挂其他号牌，法规另有规定的除外。机动车登记证书、号牌、行驶证的式样由国务院公安部门规定并监制驾驶机动车上道路行驶，应当悬挂机动车号牌，放置检验合格标志、保险标志，并随车携带机动车行驶证。机动车号牌应当按照规定悬挂并保持清晰、完整，不得故意遮挡、污损。任何单位和个人不得收缴、扣留机动车号牌。

3. 机动车的标志

警车、消防车、救护车、工程救险车应当按照规定喷涂标志图案，安装警报器、标志灯具。其标志图案的喷涂以及警报器、标志灯具的安装、使用规定，由国务院公安部门制定。其他机动车不得喷涂、安装、使用上述车辆专用的或者与其相类似的标志图案、警报器或者标志灯具。警车、消防车、救护车、工程救险车应当严格按照规定的用途和条件使用。公路监督检查的专用车辆，应当依照公路法的规定，设置统一的标志和示警灯。

4. 机动车的保险

国家实行机动车第三者责任强制保险制度，设立道路交通事故社会救助基金。税务部门、保险机构可以在公安机关交通管理部门的办公场所集中办理与机动车有关的税费缴纳、保险合同订立等事项。

5. 机动车的检验

准予登记的机动车应当符合机动车国家安全技术标准。申请机动车登记时，应当接受对该机动车的安全技术检验。但是，新车在出厂时经检验符合机动车国家安全技术标准，并获得有效检验合格证的，免予安全技术检验。对登记后，上路行驶的机动车，应按规定定期进行安全技术检验，具体检验周期按国家有关规定。对符合机动车国家安全技术标准的，公安机关交通管理部门应当发给检验合格标志。对机动车的安全技术检验实行社会化。机动车安全技术检验实行社会化的地方，任何单位不得要求机动车到指定的场所进行检验。公安机关交通管理部门、机动车安全技术检验机构不得要求机动车到指定的场所进行维修、保养。机动车安全技术检验机构对机动车检验收取费用，应当严格执行国务院价格主管部门核定的收费标准。

6. 机动车的报废

国家实行机动车强制报废制度，根据机动车的安全技术状况和不同用途，规定不同的报废标准。到报废标准的机动车不得上路行驶，应当报废的必须及时办理注销登记。报废的大型客、货车及其他营运车辆应当在公安机关交通管理部门的监督下解体。

（二）机动车驾驶人管理

机动车驾驶人管理主要包括驾驶培训、驾驶规则、记分处罚等事项。

1. 驾驶培训

驾驶机动车，应当依法取得机动车驾驶证。申请机动车驾驶证，应当符合国务院公安部门规定的驾驶许可条件，经考试合格后，由公安机关交通管理部门颁发给相应类别的机动车驾驶证。机动车的驾驶培训实行社会化，由交通主管部门对驾驶培训学校、驾驶培训班实行资格管理，其中专门的拖拉机驾驶培训学校、驾驶培训班由农业（农业机械）主管部门实行资格管理。驾驶培训学校、驾驶培训班应当严格按照国家有关规定，对学员进行道路交通安全法律、法规、驾驶技能的培训，确保培训质量。任何国家机关以及驾驶培训和考试主管部门不得举办或者参与举办驾驶培训学校、驾驶培训班。

2. 驾驶规则

驾驶人应当按照驾驶证载明的准驾车型驾驶机动车，驾驶机动车时，应当随身携带机动车驾驶证。驾驶人驾驶机动车上道路行驶前，应当对机动车的安全技术性能进行认真检查；不得驾驶安全设施不全或者机件不符合技术标准等具有安全隐患的机动车。机动车驾驶人应当遵守道路交通安全法律、法规的规定，按照操作规范安全驾驶、文明驾驶。饮酒、服用国家管制的精神药品或者麻醉药品，或者患有妨碍安全驾驶机动车的疾病，或者过度疲劳影响安全驾驶的，不得驾驶机动车。任何人不得强迫驾驶人违规驾驶机动车。

3. 记分处罚

公安机关交通管理部门对机动车驾驶人违反道路交通安全法律、法规的行为，除依法给予行政处罚外，实行道路交通安全违法行为累积记分制度，记分周期为 12 个月。机动车驾驶人在一个记分周期内记分未达到 12 分，所处罚款已经缴纳的，记分予以清除；记分虽未达到 12 分，但尚有罚款未缴纳，记分转入下一记分周期。对在一个记分周期内记分达到 12 分的，由公安机关交通管理部门扣留其机动车驾驶证，该机动车驾驶人应当按照规定参加道路交通安全法律、法规的学习并接受考试。考试合格的，记分予以清除，发还机动车驾驶证；考试不合格的，继续参加学习和考试。机动车驾驶人在一个记分周期内记分 2 次以上达到 12 分的，除按一次达到 12 分的情况处理外，还应当接受驾驶技能考试。以上机动车驾驶人拒不参加公安机关交通管理部门通知的学习和不接受考试的，由公安机关交通管理部门公告其机动车驾驶证停止使用。具体记分分值按公安部门规定。

（三）机动车驾驶证管理

机动车驾驶证是机动车驾驶人的驾车凭证。我国机动车驾驶证的申领与使用管理由公安部主管。直辖市公安机关交通管理部门车辆管理所、设区的市或者相当于同级的公安机关交通管理部门车辆管理所负责办理本行政辖区内机动车驾驶证业务。县级公安机关交通管理部门办理机动车驾驶证业务的范围由省级公安机关交通管理部门确定。公安机关交通管理部门以外的任何单位或者个人，不得发放、收缴、扣留机动车驾驶证。车辆管理所办理机动车驾驶证业务，应当遵循公开、公正、便民的原则，应当依法受理申请人的申请，审核申请人提交的资料，对符合条件的，按照规定程序和期限办理机动车驾驶证。

申领机动车驾驶证的人应当如实向车辆管理所提交规定的资料,如实申告规定的事项。车辆管理所应当使用机动车驾驶证计算机管理系统核发、打印机动车驾驶证,不使用计算机管理系统核发、打印的机动车驾驶证无效机动车驾驶证计算机管理系统的数据库标准和软件全国统一,能够完整、准确地记录和存储申请受理、科目考试、机动车驾驶证核发等全过程和经办人员信息,并能够实时将有关信息传送到全国公安交通管理信息系统。省级公安机关交通管理部门应当在互联网上建立主页,发布信息,便于群众查阅办理机动车驾驶证的有关规定,下载、使用有关表格。

第四节 城市道路交通

城市交通系统有广义与狭义之分,广义的城市交通系统包括城市道路交通系统、城市轨道交通系统、城市水运系统、城市航空运输系统等;狭义的城市交通系统仅指城市道路系统。通常含义下的城市交通是指城市各功能用地之间的人和物的流动,这些流动都是以一定的城市用地而进行的,主要是城市道路上的交通,城市道路交通是城市社会、经济和物质结构的基本组成部分,是城市交通系统的主题。

一、城市道路交通网络

(一)城市道路

城市道路交通是指供城市内车辆与行人交通使用,提供人们工作、生活、文化娱乐活动出行,担负着市内各区域通达并与城市对市外交通相连的道路的总称。为适应不同的交通方式(工具),多划分出机动车道、非机动车道和人行道,同时又是敷设城市管线的走廊(地上杆线和地下管线)。为优化城市环境,城市道路还在分隔带和建筑控制线内布置绿化带或雕塑艺术品。

城市道路按道路在道路网中的地位、交通功能以及对沿线的服务功能等,分为快速路、主干路、次干路和支路4个等级。

1. 快速路

快速路是为流畅地处理城市大量交通建筑的道路，要平顺的线形，与一般道路分开，使汽车交通安全、通畅和舒适地行驶。与交通量大的干路相交时应采用立体交叉，与交通量小的支路相交时可采用平面交叉，但要有控制交通的措施。两侧有非机动车时，必须设完整的分隔带。横过车行道时，需经由控制的交叉路口或地道、天桥。

2. 主干路

主干路是连接城市各主要部分的交通干路，是城市道路的骨架，主要功能是交通运输。主干路上的交通要保证一定的行车速度，故应根据交通量的大小设置相应宽度的车行道，以供车辆通畅地行驶。线形应平顺，交叉口宜尽可能少，以减少相交道路上车辆进出的干扰，平面交叉要有控制交通的措施，交通量超过平面交叉门的通行能力时，可根据规划采用立体交叉。机动车道与非机动车道应用隔离带分开。交通量大的主干路上快速机动车如小客车等也应与速度较慢的卡车、公共汽车等分道行驶。主干路两侧应有适当宽度的人行道。应严格控制行人横穿主干路。主干路两侧不宜修建吸引大量人流、车流的公共建筑物如剧院、体育馆、大商场等。

3. 次干路

次干路是一个区域内的主要道路，是一般交通道路兼有服务功能，配合主干路共同组成干路网，起联系城市各部分与集散交通的作用，一般情况下，快慢车混合行驶。条件许可时也可另设非机动车道。道路两侧应设人行道，并可设置吸引人流的公共建筑物。

4. 支路

支路是次干路与居住区的联络线，为地区交通服务，也起集散交通的作用，两旁可有人行道，也可有商业性建筑。

(二) 城市步行系统

步行是人们重要的出行方式，为了方便人们出行和保障出行安全，在道路系统中由人行道、人行横道、人行天桥、人行地道、步行街和步行道、城区中山边、林边和水边修建的绿道，与城市中的各类集散广场等构成完整的城市步行系统。

步行交通设施应符合无障碍交通的要求,规划步行交通系统时应以步行人流的流量、流向为基本依据,因地制宜,保障行人的交通安全性和连续性。

各步行设施的设置要求如下:

1. 人行道

人行道指道路中用路缘石或护栏及其他类似的设施加以分隔,专供行人通行的道路。人行道的标高一般高于机动车道,按照行人通行的需要,沿人行道常栽有行道树、设置公共交通停靠站和停车亭等设施,人行道中还常设有供盲人行走的盲道。人行道宽度等于一条行人带的宽度乘以带数,中国一般取每条行人带宽度为0.75～1.00m,通行能力为800～1000人/h,带数由人流大小决定。

2. 人行横道

人行横道是在机动车道中设置的专供行人横穿道路,用标线划定的为行人过街的地方。人行横道的标线方式有条纹式(或称斑马纹式)人行横道线和平行式人行横道线两种。斑马线的宽度、长度、间隔,是有国际标准的。斑马线基本长度为3～5m,横跨人行道外的道路斑马线每条的宽度在45或60cm,斑马线的宽度还可以根据行人数量以1m为一级予以加宽,行人越多的地方,斑马线越宽。在一段路上,斑马线的设置间隔一般为150～500m,较为合理的设置间隔为350～400m,也就是说,在城市中,最好每隔350～400m就设置一段斑马线,便于行人通行。学校、幼儿园、医院、养老院门前的道路没有行人过街设施的,应当规划人行横道线,并设置提示标志。城市主要道路的人行道,应当按照规划设置盲道。

在人行横道行人有先行权,机动车行经人行横道时,应当减速行驶;遇行人正在通过人行横道,应当停车让行。机动车行经没有交通信号的道路时,遇行人横过道路,应当避让。

在城市的主干路和次干路的路段上,人行横道或过街通道的间距宜为250～300m;当道路宽度超过4条机动车道时,人行横道应在车行道的中央分隔带或机动车道与非机动车道之间的分隔带上设置行人安全岛。

3. 人行天桥及地道

人行天桥指的是跨越道路或轨道交通线供行人通过的专用桥梁，简称天桥。下穿道路或轨道交通线供行人通过的专用地下通道，简称地道。人行天桥及地道是当单位时间横穿道路的行人数量超过相关规定时，为避免冲突，而将人流和车流彻底分离的立体交通设施。

（三）城市道路交叉口

城市中道路与道路相交的部分称为道路交叉口，是城市道路相交的节点路网中最容易产生延误和拥堵的关键部位。城市道路交叉口主要分为面交叉和立体交叉两种类型。

1. 平面交叉

平面交叉是指各相交道路中心线在同一高程相交的路口。平面交叉的形式取决于道路系统规划、交通量、交通性质和交通组织，以及交叉口用地和周围建筑的布局，常见形式有十字形、X形、T形、Y形、错位交叉和复合交叉等几种。

2. 立体交叉

立体交叉是利用跨线构造物使道路与道路或道路与铁路在不同高程处相互交叉的连接方式，简称立交桥。其特点是各相交道路上的车流互相不干扰，可以各自保持原有的行车速度通过交叉口。

立体交叉主要由正线（主线、被交线）、匝道、构造物（跨线桥或隧道）、出入口变速车道等4部分组成。

（四）城市道路网布局

为了优化城市用地布局，提高城市的运转效能，提供安全、高效经济、舒适和低公害的交通条件，城市道路网络的布局必须经过科学、合理地规划。

国内外常见的城市道路网布局结构形式可抽象地归纳为方格网式、条带式、放射式、环形放射式、自由式和混合式6种。

1. 方格网式路网

方格网式（又称棋盘式），是最重要的一种城市道路网布局类型，有利于交通流的调节，从出发地到目的地可以有多条路线可供选择。交通受阻时，可以改变行车路线。直线式道路施工方便，有利于建筑布置，街坊也比较整齐。小方格道路网的缺点是道路分工不明确，交叉口太多。方格形道路网适用于地势平坦的地区。其儿几何图形多为规则的长方形，即每隔一定的距离设置平行的干道，在干道之间再设置次要的道路，将用地划分为大小合适的街区，不适用于地形复杂的城市。

2. 条带式路网

受地形所限，建筑物沿交通轴线两侧铺开，公共交通布置在主要交通干道范围内。横向靠步行或非机动车，有利于公共交通布线和组织，但容易造成纵向主干道交通压力过大，不易形成市中心，有时可布置几条平行线，在功能上合理分工。

3. 放射式路网

放射形道路系统的特点是在一条轴线上连续布置几个广场，以强调轴线的作用；用道路沟通广场之间的联系，街道笔直如矢而以广场为聚焦点。城市各主要广场之间的交通路线最短，但处在聚焦点上的广场的交通则比较复杂；被道路分割的不规则形状的用地不利于建筑的布置。应用广场作为组织建筑群体的中心，对广场、建筑、庭园、道路进行整体性设计，构成完整的几何形图案。在构图上有强烈的向心作用。

4. 放射环式路网

干道由城市中心向外辐射，并且沿着城市的周边建设同心圆式环路（或利用拆除原城墙的墙基建筑环形道路），两者结合形成道路网。莫斯科在历史上形成的道路网就是一个比较完整的放射环式系统。

20世纪50年代以来，大城市边缘地区迅速城市化，市区面积不断扩大，同心圆式的城市平面结构，使市中心区日益增加的过境车辆和本城的车辆相混杂，交通流量超过原有道路的负担能力，加剧交通的拥塞。改善的措施一般是改造中心区周围的内环路，提高道路等级，建设立体交叉等。用吸引和管制的办法，迫使穿越市中心区的过境车辆改由外环路绕行。辐射型干线是联系市中心区和外围地区的走廊，环路主要担负横向交通联系，并把外来的交通量均衡地分配到各放射线路上。放射环式道路网结构不适用于小城市。一般用于大城市，但不宜将过多的放射线引向市中心，造成市中心交通过分集中，交通压力大且布置建筑物不利。

5. 自由式路网

自由式路网的形成一般都和城市的自然地形条件相关，如位于山区或水网密集地区的城市，道路的走向受到地形条件的限制，难以形成较规则的路网，同时为了能够充分利用自然地形、减少道路建设的造价和工程量，城市道路往往随地势而建，形成了不规则的自由式路网系统。设计合理的自由式路网在满足便捷交通联系的同时，还能够最大限度地减少对自然环境和景观的破坏，有利于形成非常独特的城市道路景观。我国的重庆、青岛、渡口、南宁、九江等城市采用了这种路网形式。

6. 混合式

混合式道路网是结合城市的条件，采用几种基本形式的道路网组合而成，有的城市因城市分段发展而成为混合式道路网。"方格网＋环形放射式"的道路系统是大城市、特大城市发展后期形成的效果较好的一种道路网形式。"链式"道路网，是由一两条主要交通干路作为组合型城市或带状发展的组团式城市，如兰州。

（五）城市停车系统

城市停车设施是城市道路交通系统的组成部分之一。根据城市交通的停车要求，可以将停车设施分为 6 类：

1. 城市出入口停车设施

城市出入口停车设施是为外来或过境货运机动车服务的停车设施。其作用是从城市安全、卫生和对市内交通的影响出发，截流外来车辆或过境车辆，经检验后方可按指定时间进入城市装卸货物。这类停车设施应设在城市外围的主要出入干道附近，附有车辆检查站、车辆小修设施、旅馆、饭店、商店等服务设施，还可配备一定的文娱设施。

2. 交通枢纽停车设施

交通枢纽停车设施是在城市对外客运交通枢纽（如长途汽车站、火车站）和城市客运交通换乘枢纽（如地铁—公交、轻轨—公交的换乘站）配备的停车设施，为疏散交通枢纽的客流、完成客运转换服务。这类停车设施一般都结合交通枢纽布置。

3. 大型集散场所停车设施

这类设施包括体育场馆、中心广场、大型公园以及交通限制区边缘干道附近的停车设施，这类停车设施的停车量大而且集中，高峰期明显，要求集散迅速。停车场以停放客车为主，并考虑自行车停车场地的设置。

4. 商业服务设施附近的社会公用停车设施

这类设施是在大型商业服务设施附近设置的社会公用停车场，其中包括一定规模的自行车停车场地。

5. 生活居住区停车设施

城市生活居住区停车设施是按城市政府公布的停车配建标准设置的相应规模的机动车、自行车停放场地。

6. 路边临时停车设施

为避免沿道路任意停车造成交通混乱，在那些需要经常停车的地点，由交通管理部门在道路面积内设置的路边临时停车位。

为保证城市道路交通正常运转和符合城市交通发展的需要，要设置足够数量的各类停车设施。目前，我国大多城市因停车用地太少，尤其是社会公共停车场严重不足导致停车泊位不能满足实际需要，占用车行道、人行道乱停车的现象十分普遍，已严重削弱了道路的通行能力，影响了城市道路系统的正常运转。

二、城市交通方式和交通工具

交通方式是指人们出行或运输时所采取的方法，它与交通工具有密切联系。研究交通方式的目的是要做到既满足城市人的交通需求，又合理解决城市交通问题。

(一) 城市交通方式

城市交通方式通常指城市人的出行方式。现代城市的主要交通方式按是否使用公共交通工具可分为私人交通、公共交通，按所选的交通工具方式又可分为步行、道路交通、轨道交通和其他公共交通等。

1. 私人交通

私人交通一般是指只为个人、自家或本单位（企业、学校，机关和团体）服务的交通行为。私人交通不面向社会提供服务，不以营利为目的，是非营利性的交通方式。

相对营运车，私人交通的特点是出行频率低、运行没规律、车辆使用率低，但是平时占用停车场地多。随着我国汽车工业的发展和人民生活水平的提高，汽车迅速普及，私家车和单位车不断增加，增长速度及数量远远超过营运车。私人交通在给私人（或单位）提供方便的同时，也因占用公共道路资源多，而成为城市交通拥堵的主要原因之一。我国有多个特大城市先后出台了地方政策，限制私人交通车辆的增长，以抑制和控制城市中交通总量的增长速度。

2. 公共交通

公共交通是指城市中为方便人们出行，供大众乘用的、经济方便的公共交通设施资源的总称。城市公共交通系统是由多种模式组成的，包括常规公共汽（电）车、出租车、快速公交系统（BRT）、城市轨道等。

相对于私人交通，公共交通出行频率高、运行有规律、车辆使用率高、行驶时载客量多、人均占用道路面积少、平时占用停车面积少、其拥有量可由城市交通部门调控。

当今世界各大城市（尤其是特大城市）都确立了优先发展公共交通的政策，大部分特大城市都建立了以轨道交通为骨干、常规公交为主力，出租车为补充的综合公共交通系统，并日趋完善。城市中公交出行比例提高，能使城市中的交通总量降低，所以优先发展公共交通是大城市有效解决交通系列问题的唯一出路。

(二) 城市交通工具

城市交通工具是指城市中人们出行所乘用的用以代步工具。城市交通工具按动力形式可分为机动车和非机动车，按经营方式可分为私人交通工具和公共交通工具。

现代城市主要的客运交通工具有自行车、摩托车、乘用小汽车、出租车、公共汽车、无轨电车、有轨电车、地铁列车、轻轨列车、磁悬浮列车、快速有轨电车等。

1. 自行车

自行车属非机动车，在城市道路上行驶时应走非机动车道。

2. 摩托车

摩托车为机动车，分为轻便摩托车、普通两轮摩托车和三轮摩托车。驾驶摩托车应取得相应的机动车驾驶证，在城市道路上行驶时应走机动车道。

3. 乘用小汽车

乘用小汽车包括轿车、小客车（俗称面包车）、乘用越野车和专用车。乘用小汽车长度不超过6m，包括驾驶员在内的座位数不超过9个。

4. 公共汽车

公共汽车指在城市道路上循环固定路线，由车载动力源驱动，用以载乘旅客出行的营运客车。按驱动力和结构形式，公共汽车可分为以下4类。

第一，内燃机动力公共汽车指完全以汽油或柴油为驱动力的公共汽车，是我国城市常规公交的主力，占公共汽车总拥有量的90%以上。

第二，混合动力公共汽车是一种采用传统动力，同时配以电动机、发电机和大容量电池作为动力系统的公共汽车。在混合动力系统中，内燃机仍是主动力，其主要作用是直接驱动汽车或带动发电机发电，电动机的主要作用是直接或协助内燃机驱动汽车，发电机的作用是发电供给电动机电源或储进蓄电池，蓄电池用于储存电能。当汽车速度较低时，可以关停内燃机，由蓄电池供电，用电动机单独驱动，实现"零"排放。

第三，纯电动公共汽车是一种以车载电源为动力，用电动机驱动的公共汽车，简称电动公交车。其核心部分是电源，在使用中的主要问题是电能的补充，因为蓄电池容量有限，电动公交车每行驶100km左右就要更换电池或充电。

第四，双层公共汽车是一种车厢上有上、下两层的公交车。一般而言，一辆长10m的单层公交车可运载约60名旅客，而长度相近的双层公交车则能运载130名乘客。但因其车身过高，乘客上下车不方便，还影响城市中立交桥下的通过高度设计，所以不宜大量使用。

5. 无轨电车

无轨电车是指采用外接电源和橡胶轮胎，在道路上不依赖固定轨道行驶的电动公交车。

由于需要外接电力驱动，所以开通无轨电车线路需增设电线。无轨电车突出的优点是使用的电能来自发电厂，不依赖石油能源，比较环保，故无轨电车有"绿色公交"之称。

6. 有轨电车

有轨电车是指采用外接电源和金属车轮，在固定无碴轨道上行驶的电动公交车。其优点与无轨电车相同，因需要固定轨道行驶，则需要占用道路敷设固定轨道，且要经常维护，对其他方式交通有影响。随着小汽车、轻轨、地铁的普及，很多国家的有轨电车已完全消失，但在瑞士、德国、奥地利、比利时等国仍然保留了这种环保的公共交通工具并被现代化。

7. 地铁列车

地铁列车是指以轨道和电网为基础设施，以编组地铁列车为载运工具的大运量轨道客运系统。

8. 轻轨列车

轻轨列车是指以轨道和电网为基础设施，以编组地铁列车为载运工具的中运量轨道客运系统，客运能力和造价在地铁和无轨电车之间，在一些大、中城市中使用。

9. 磁悬浮列车

磁浮系统在常温条件下，利用电导磁力悬浮技术使列车上浮，因此，车厢不需要车轮、车轴、齿轮传动机构和架空输电线网，列车运行方式为悬浮状态，采用直线电机驱动行驶，现行标准轨距为2800mm，主要在高架桥上运行，特殊地段也可在地面或地下隧道中运行。

磁浮列车适用于城市人口超过 200 万的特大城市，是重大客流集散区域或城市群市际之间较理想的直达客运交通，也是中运量轨道运输系统的一种先进技术客运方式。

10. 出租汽车

出租汽车是指在城市道路上无固定线路和班次，经营者按乘客要求的目的地或路线运行，按行驶里程或包用时间计费的一种公共客运小汽车。出租车载客少，但 M 以随叫随到，能提供机动灵活的服务，是现代城市不可缺少的一种辅助公共交通工具。出租车的特点是颜色鲜艳、统一格式、需安装顶灯、收费计价器等。

第六章　交通运输与可持续发展

第一节　城市交通的低碳发展策略

一、城市交通低碳发展模式类别

根据以上城市低碳交通管理模式的主体和影响因素分析，我们可以根据不同的影响因素得出相应的低碳交通管理模式。

(一) 基于低碳交通发展主体的管理模式

为了发展低碳城市交通，应采取政府、企业、居民和社会组织合作的新型管理模式，它与自由市场经济和政府统一管理模式不同，它是由政府与企业、居民、社会组织相互参与、互动、影响的一种管理模式。这种管理模式如下：以政府、企业、居民为主体，政府为主导，市场为基础，民间社会力量为辅助，从宏观、中观、微观三个层面，形成"三位一体"的三主体、三方式、三层面的发展模式，共同致力于城市交通低碳发展。这是一个社会性的多维模式，必须要紧密地联系在一起，相互促进，发挥各自作用。

1. 政府及交通主管部门、企业和居民三个主体的职责

(1) 政府及交通主管部门的职责

政府及交通主管部门的主要职责如下：①负责制定计划和战略目标。市长带头推动成立领导小组，制定并公布低碳交通管理规划、理念和目标，将低碳城市交通管理作为城市发展战略加以推进。②运用财税政策进行引导。采取提供财政奖励支持措施，鼓励交通运输企业开发和使用节能技术、设施

和设备,提供低碳排放服务。③制定相应的法律法规、标准和技术规则,促进技术升级,评估、监督管理体系建设。④加强国内外深入广泛的合作与交流。通过不同的方式和渠道,与国内外城市进行技术合作,拓宽融资渠道,为低碳交通队伍培养更多人才。

(2) 企业的职责

在城市低碳交通的发展和管理中发挥着重要作用的是交通运输企业。城市交通低碳的发展和管理与低碳市场和企业的具体实施密不可分。交通运输企业应当执行与低碳相关的法律、指令和标准,积极开发、应用和推广低碳技术,积极进行低碳贸易,努力提供低碳服务。

(3) 居民的职责

城市低碳交通的可持续发展离不开人们的低碳生活以及日常支出观念。低碳发展的实际履行者是城市居民。公众应该有低碳的观念并且付诸行动,认真落实关于低碳的各种法律法规并严格执行各项相关制度,在低碳出行等服务上进行消费。

2. 政府、市场和民间社会三个方面的影响方式

(1) 政府的影响方式

政府和交通运输部门在城市交通低碳建设中发挥着主要的带头作用。充分发挥政府在规划、出台政策、规范市场、创造良好环境等方面的领导作用。

(2) 市场的影响方式

市场机制在配置低碳交通发展资源中发挥着基础性的作用。通过市场机制,实现低碳服务,创新低碳技术,开展低碳交易,刺激具有低碳交通消费潜力的企业和居民。

(3) 民间社会的影响方式

民间社会组织承担指导、建议、宣扬和督促四项任务。在制定行业低碳标准的基础上,交通行业协会对行业内公司的行为进行限制,促进相关政策的落实,它也是政府和企业之间的桥梁,分析当前情形并提出意见,与国际社会进行联系与合作。

3. 宏观、中观、微观三个层面的主要内容

（1）宏观层面

主要体现在城市交通的整体发展和管理上。市政府参照经济发展规模和低碳发展目标，制定低碳交通发展战略和规划，制定优惠的财政和税收政策，促进低碳运输的发展，优化交通结构，建立低碳评价体系。

（2）中观层面

主要体现在市区县各种交通方式的发展上。市、区、县交通运输部门在城市低碳交通运输发展总体目标指导下，结合当地实际，制定了多种交通运输方式低碳发展目标和具体措施，加快培育行业低碳市场。

（3）微观层面

主要体现在企业和居民的实际行动中。企业和居民要牢记低碳理念，认真落实相关政策法规，促进节约型消费；在市场机制的作用方式下，提升企业竞争力的同时也提高了居民生活质量，拓展低碳城市交通发展路径。

（二）基于城市发展阶段的管理模式

在城市快速发展阶段，随着城市规模的迅速扩大，社会经济和居民的生活方式也在发生变化，新能源和新技术产业尚处在研究开发或起步阶段，现阶段属于传统城市低碳交通管理模式；城市化进程放慢了脚步，城市发展和居民生活水平在变化，建立了基于公共交通发展的交通模式，新能源和新技术产业发展前景很好，有的已经实现了产业化，现阶段属于相对低碳管理模式；在城市发展的成熟阶段，发展步伐逐步稳定，社会经济、空间布局以及居民生活方式都达到稳定状态，新能源应用及新低碳技术的研发都实现了产业化，现阶段属于绝对低碳管理模式。

传统模型是为了满足社会发展需要而增加单位周转率和总碳排放量的模式，而不是低碳模式；相对低碳的模式是那些减少单位周转量的碳排放，同时刺激经济增长和满足运输需求的模式；绝对低碳模式意味着满足交通需求，保持社会经济发展，同时减少碳排放。

在这三种模式中，传统模式虽然不能减少碳排放，但相对低碳交通模式和绝对低碳交通模式并无明显的差异，最终目标都是发展低碳交通。但区别

在于，绝对低碳集中在"结果"，根据最终碳排放的绝对减少，将经济增长与二氧化碳排放脱钩作为标准，重点是实现低碳经济，是相对简单的结构与目标。而相对低碳重点在于"过程"上，需要指出的是，实行绝对脱钩是一个社会和交通发展转变的过程，低碳的核心是怎样向低碳交通发展。由于后两种模式的不同，低碳交通发展过程中的侧重点也有所不同。相对低碳模式中城市空间结构、出行方式结构等的优化和调整更受关注，在逐步提高碳生产率的基础上，降低单位周转碳排放量。而绝对低碳模式更注重直接的碳减排，大力推动新能源、新技术的应用。然而，从低碳交通的全过程来看，后两种模式只是低碳交通发展的不同阶段。研究发现，每个城市正逐步从相对低碳阶段向绝对低碳阶段转变。

（三）基于机动车发展水平的管理模式

中国的城市交通应该远离以汽车为主导的管理模式，相反，我们应该加强公共交通发展力度，并为慢行交通提供必要的辅助，这点在我国城市低碳交通发展中慢慢达成了共识。远离以汽车为主导的管理模式并不意味着放弃汽车交通，任何形式的交通都是有意义的。此外，中国的汽车产业在国民经济产业中占据主要支撑地位，是国民经济的支柱产业。发展汽车交通，应基于不同城市的不同情况，制定相应的合理的发展规划。对于已经车水马龙、造成交通拥堵的大城市来说，要限制汽车的增长，引导汽车使用；对于需要改善经济状况的汽车还达不到饱和状态的中小城市，不必严格限制车辆发展，但要积极支持低碳出行，统筹发展公共交通和汽车运输，改善公共交通服务水平。

因此，可以考虑建设一种现代低碳交通管理模式："多层次互补、多方面协调发展"。在构建公共交通系统时就需要"多层次互补"，"多方面协调发展"是指多种交通方式在这种模式下协调发展。该模式在适用于不同规模的城市时，应该依据城市的实际情况去调整管理模式的侧重方向。

对于特大城市群而言，经济形势很好，轨道交通建设条件较好，可以打造一个多层次、互相补充的公共交通系统：以轨道交通为骨干、快速公交为主导、常规公交为基础、出租车为辅助，同时积极鼓励发展步行、自行车等慢行交通方式，控制私家车总量，引导私家车合理使用，最后，多种运输方式实现现代低碳运输管理模式的协调发展。

对于大城市而言，经济实力中等，可以打造一个以 BRT 为骨干、常规公交为主力、出租车为适当补充的多层次、互补公共交通系统，并加大对步行和自行车的发展力度，减少对私家车发展的限制。通过不同的交通方式，实现现代低碳交通管理的协调发展。

对于中小城市而言，经济水平相对不高，实力不足，常规公交建设是满足市民出行需求的主力军，同时步行、自行车作为辅助交通，私家车是必要补充，现代低碳运输管理模式伴随着各种交通方式的协调发展。应该注意的是，要想促进"多层次互补、多方面协调发展"现代低碳交通发展模式的实现，有必要协调所有相关政策的执行，如设计公交品牌、结合交通规划与 TOD 模式、研究开发汽车低碳技术、应用智能技术等。

（四）基于资源因素的管理模式

如今，在这样一个城市里，快速交通和慢行交通发展是不平衡的，快速交通得到了前所未有的发展，而慢行交通几乎被世界所忽视，因此，发展慢行交通的重要性越来越明显。"最后一公里"与一个城市的快速交通系统发展程度无关，这和慢行交通有关并由其解决。慢行交通具有节能环保、占用资源较少、出行成本低等诸多优势，显然，它在整个城市的交通系统中扮演着重要的角色，且对低碳交通的发展尤为重要。

慢行交通规划的主要轴心是依据城市综合交通的发展状况、道路权的配置、人车冲突、设施故障和步行特征等，明确慢行交通规划系统的目标定位和发展对策。一般来说，慢行交通规划内容的界定可以分为三块：问题提出部分、慢行交通系统规划部分、交通平静化集成设计部分，分别将这三块定义为城市综合交通分析部分、慢行岛际、慢行核内设计部分，而这三块内容相互关联、互为补充。

1. "快速公交＋公共免费自行车"出行方式衔接模式

BRT，又称快速公交系统，主要包括以下几个具体组成部分：独立路权、专用车辆、独特新型车站、智能运营管理模式，运营水平得到了极大的提高，并且它的建设和投资成本低于轨道交通，接近于传统的公交车，是一种新型的城市公共客运系统。"快速公交＋公共免费自行车"出行方式衔接模式，建立了与每个快速公交站点相连的免费公共自行车租赁站点，是一种可无缝转换不同的交通方式、降低私家车使用率、减少交通拥堵、促进节能减排的一种低碳的、高效的交通出行模式。

2. "轨道交通＋公共免费自行车"出行方式衔接模式

在中国城市化进程不断加快的背景下，各大城市的规划中，轨道交通被认为是未来城市交通的大动脉，在中国大中城市规划纲要中，轻轨、地铁等建设规划频频出现，其受重视性显而易见。如果这种类型的轨道交通将引领未来的城市，交通，那么轨道交通和免费公共自行车的结合是一个好办法。将轨道交通线路上的站点划分为轨道交通中转站和轨道交通常规上下站，在轨道交通中转站，设立一个大型的公共自行车租赁站点来与它配合。与此形成对比的是，在常规上下车站周围设置了小型的自行车租赁和停放场所，以尽可能高效、有序地实施轨道交通与公共免费自行车衔接方案。

此类模式适用范围：街区布局相对不合理；城市人口比重大，道路拥堵，城市道路利用率趋于饱和；城市居民对绿色交通有着较高的需求。

3. "常规公交＋自行车搭载"交通工具整合模式

本模式所指的"常规公交＋自行车搭载"交通工具整合模式，它是一种经适当加长的传统客车，扩展部分的后部设有乘客私人单车运载区，这样就可以随时保持公共汽车和自行车之间的不间断连接，确保换乘效率较高的新模式。该模式的特点是：实现了交通运营模式的移动性和实时性连接，最大化了自行车和公共交通的优势；减少了相关站点和设施的建设；有效地提高了两种交通工具的换乘效率；大大降低了政府交通基础设施的成本。此类模式适用范围：快速交通系统相对落后；城市交通基础设施薄弱或起步晚；政府没有足够的资金用于交通基础设施建设。

4. "专用自行车道、专用步行道＋常规公交系统"慢行交通系统规划模式

"专用自行车道、专用步行道＋常规公交系统"慢行交通系统规划模式，

换句话说，就是通过修建专用的自行车道和步行道，与传统公共交通系统互为补充，充分衔接，有效减少当地交通运行状况的恶化问题。落实以慢行交通体系为主的绿色交通规划，可以改善和提高居民的生活条件和质量。

此类模式适用范围：区域交通不完善，拥有较大的规划空间，一般来说，更适合新城的综合交通规划，政府拥有雄厚的财力和充足的城市交通基础设施建设资金，现有的交通运输方式虽已开始形成规模，但相对仍是零散的，没有进行规划整合，换乘衔接效果非常差。

二、构建城市交通发展模式的建议

建造城市低碳交通系统，既有助于有效地整合低碳转变后不同交通模式的发展趋势，又有助于实现一体化和连贯的发展，以实现自身的可持续发展。构建城市低碳交通系统所需要的政策措施必不可少，通过综合措施和相关政策的结合，实现完整的低碳交通发展模式。

相应的基础设施是构建低碳交通发展模式的前提。因此，创建和完善城市交通基础设施是发展低碳交通的第一步。每个城市都有不同的特点，在基础设施建设的过程中必须多加考虑。在进行地铁规划设计时必须要进行可行性研究，保证地铁网络规划建设的合理性及高效性。我们要重视快速公交系统在过渡阶段的重要作用，因为在地铁还未建设完善的阶段，城市居民出行需求特别旺盛，组织专家对快速公交网络建设进行全面调研和规划，真正保证BRT独立"路权"和优先权。继续推进常规公交专用道的建设，来提高常规公交车的运行效率以及公交路网的覆盖面积。开展慢行交通专项规划，推动自行车专用道、人行道的建设，使两者与机动车道分离，减少冲突，确保慢行交通独立路权，营造舒适、安全、高效的出行环境。实现有序衔接各种交通方式，只有确保所有的交通方式应尽其用，才有可能发展低排放的运输方式。

聚焦发展不平衡不充分问题，以系统化思维加快推进交通基础设施融合发展。一是强化规划统筹。充分发挥综合交通发展规划的引领作用，紧贴"一带一路"建设、长江经济带发展、乡村振兴以及"1＋3"重点功能区建设等战略，努力实现规划"一张图"、建设"一盘棋"。这就要求不同运输方式的基础设施空间布局和建设时序要被科学地确定。建议省政府要加强对各地建设规划和项目的统筹，加快有关重点建设规划的报批流程，加强投资计划安排、开工项目的提前对接，积极做好对上争取，为规划能早日获批、项目能早日建设夯实基础。二是强化要素保障。厘清上下级政府间交通事权和支出责任，深化投融资体制改革，科学规范地筹措交通建设所需资金。优化财政资金投入方向，重点保障高铁特别是苏北地区高铁网络、国省公路断头连接线、过江通道等项目建设，同时加大对互联互通项目、优势互补项目的投入。着力于加强综合交通运输人才队伍建设，加快部署熟悉不同运输方式的复合型人才。致力于推动土地节约集约利用，有效破解耕地占补平衡矛盾，进一步提升用地保障能力。三是突出发展重点。实施的思路就是围绕抓薄弱、补短板、强功能，一方面加快补上两块比较突出的短板，即航空、铁路两块：在铁路方面，要把后续发展转变为主导式发展，积极探索高速铁路和城际铁路的自主规划、建设和运营，加快提高铁路运输能力；在航空运输方面，要把自身的经营转变为协同合作，注重机场管理体制改革，加强多方资源整合，提高航空运输能力和综合竞争力。另一方面要加快完善公路网络，提高公路率先发展的优势地位，加强公路货运治理；推进水运系统升级，发挥好得天独厚的水运资源优势。与此同时，为了达到加强衔接、促进融合的目的，将其作为工作理念、工作思路，加强港口、航空等集疏运体系的建设，提高多式联运的效率，加快综合客货运枢纽建设，构建无缝衔接的枢纽换乘体系，有效提高综合运输体系的整体效率和服务质量。

（一）交通工具的低碳化

城市交通主要由交通工具组成，其是二氧化碳排放的来源。低碳交通发展模式的构造建设主要包括以下几个方面：

首先，我们应该从技术入手，实现交通工具低碳化，最主要的是要围绕汽车开展，如低碳汽车技术的应用、新能源汽车的研发等。应该根据要求提早淘汰排量大、车况差的汽车；提高发动机性能和燃烧效率，降低油耗和废气排放；积极探索新能源技术；建设相应的电动汽车充电站等配套设施，来支持新能源汽车的使用。

其次,在政策措施方面:一要明确和健全不同交通运输方式之间的低碳发展战略与标准,建立产业低碳评价体系;研究与制订能够加快不同运输方式的低碳发展政策,如道路、铁路、轨道、水路等,加快完善符合低碳运输要求的相关标准和规范;以低碳视角提高市场准入壁垒,建立退出机制,对不同运输方式的运输市场和车辆加强管理。二要注意增加对汽车行业节能减排的管理力度。优化交通能源结构,加大对清洁能源的开发力度;实行市场准入制度,加快淘汰老旧、高耗油量汽车,加强对高污染机动车辆的管控;加强混合动力汽车停车场、充电区等基础设施建设,促进节能环保汽车发展;同时,采用优惠政策,激励相关企业购买和使用节能环保型车辆,促进企业开展节能技术创新研究;鼓励企业和公众积极做好交通领域的碳交易。

(二) 低碳出行理念的树立

以法治能力建设为引领,着力推进交通运输治理能力的提升。一是坚持法治引领。健全重大行政决策机制,提升执法素质,确保过程公正文明,强化对事情前后的监管和行政监督。提升法治思维能力、矛盾纠纷预防与化解能力,加强基层执法与服务能力建设。加快水路交通运输、农村公路、铁路安全管理等交通运输领域的地方立法,注重对综合交通运输法规体系的完善,加强相关标准规范的衔接,推进交通运输标准化、程序化、法治化工作。二是继续深化改革。持续推进简政放权,充分释放市场活力,加强部门协调和系统指导,在严格依法依规的前提下简化审批流程、缩短审批周期。加强对公路和航道管理体制方面的改革力度,研究按照行政权力和支出责任,建立交通管理的层级体系。扎实推进港口一体化改革,提升港口综合竞争力。推动机场管理机制改革,构建资源共享、协调发展机制。三是提高监管保障能力。加强交通安全应急体系建设,落实依法治安和科技兴安工作,加强主要行业领域的安全监督管理,推行安全生产风险管理,督促企业和管理部门切实履行各自职责,有效提高应急服务能力。

以交通建设令人满意为基本点,加快提升综合运输服务水平。一是全面提升城乡交通的均等化水平。坚持"行有所乘"的交通基本公共服务理念,努力将公共交通引入城际、城乡,将从城市交通领域发展起来的公共交通发展理念延伸到城际、城乡交通领域,踊跃探寻城市群地区之间城际运输方式构建的可能性。全面提升出行换乘的便捷性,在客运"零换乘"的指导下,更加快速地建设以铁路客运站为核心的综合客运枢纽,使人们在出行和换乘过程中更方便,节省时间,不受恶劣天气的影响。加强城市公交、市镇班线和镇村公交之间的衔接,持续改善农村交通运输条件,满足群众日益增长的出行需要。二是致力于全方位提高交通运输安全水平。交通发展的主要目标是改善道路交通安全,进一步提高道路运输安全防控能力、安全科技支撑能力,提升道路运输从业人员安全素质、道路交通紧急情况的处理能力,完善交通运输安全生产的长效机制,来促进全省交通运输安全生产形势持续平稳趋好。三是全面推进运输发展的一体化。依托快速铁路、高速公路和机场,建设大容量、快速化的区际和城际客运服务系统,以客运联程联运为突破,优化客运班线的结构,打造便捷多样的城际客运网络。以货物集装箱标准化为核心,来加快发展多式联运,推动构建高效专业化跨区域物流。

有利于发展低碳城市交通的硬件和软件环境对于建立低碳交通发展模式至关重要。换句话说,低碳交通的实现有赖于公众的积极参与和支持。目前低碳出行的理念越来越被市民所接受,已经开展了"低碳生活、绿色出行"、无车日等环保宣传活动,然而,这些活动短时间没有办法转化为一种意识来引导市民的出行行为选择,建议可以加强宣传和普及低碳出行理念。

交通行业协会应加强行业自律,促进节能交通技术装备的推广,开展低碳交通领域交流与合作。加强各方面低碳交通运输的推进。最大限度地利用报纸杂志、互联网、广播电视等多种渠道,开展低碳交通理念宣传活动,以支持低碳交通理念,鼓励企业和公民低碳出行,创造有利于低碳交通发展的环境。

第二节 交通运输与旅游服务的融合创新

一、交通运输服务与旅游融合

(一) 交通运输服务与旅游融合的分类

1. 公路运输与旅游融合

公路运输作为陆地旅游活动中直达景区的"最后一公里",公路运输与旅游融合发展将发挥着重要作用,直接影响着游客的旅游质量。它涵盖了公路运输的汽车客运站、旅游客运信息、公路客运线路、旅游包车等公路运输要素与旅游景区景点、导游、旅游服务等旅游要素。各地道路运输行业管理部门、道路客运企业纷纷探索与旅游融合发展的模式,涌现出旅游直通车、旅游集散中心、汽车列车等丰富多样的公路运输与旅游融合产品。二者的融合和发展是公路客运转型升级的重要方向。

2. 铁路运输与旅游融合

铁路运输与旅游融合发展,主要有两种模式,第一种是以观赏铁路沿线风光为主的模式,即观光铁路、景观铁路等,比如台湾"环岛之星"列车;第二种是在铁路经过旅游资源丰富的地区,开通旅游专列,比如贵州景区高铁旅游专列、"环西部火车游"旅游专列等。铁路运输与旅游的深度融合,可以延伸铁路的服务,将游客、景点以及旅行社等旅游相关主体串联起来,打造"铁路+旅游"的旅游创新产品。

3. 航空运输与旅游融合

航空运输具有速度快、乘坐舒适、航程远、安全可靠等特点。因此,它符合现代人追求"快进慢游"的旅游方式。国家也高度重视航空运输与旅游的融合发展。关于航空运输与旅游的融合,很多企业也在进行探索,以海南航空为例,借助海南航空旗下地产资源,海南航空创新性地将旗下的酒店资源进行整合,提供"航空+酒店"的会员服务,会员在缴纳一定的会费后,在购买本航空公司的机票和酒店服务产品时,就能够享受到较低的价格。海航旗下的首都航空公司更是提出了"航空+旅游"的发展战略,依托海航旅游集团、首旅集团旅游资源优势,定位旅游航空,专注互联网营销,以航空为龙头整合旅游产业链的优质资源,致力于成为一站式航空旅行解决方案的专业服务供应商,在其已开通的200余条航线中,旅游航线占比超70%。大型旅游企业也主动向航空产业进行业务的延伸,通过相互延伸相关的产业链,实现"你中有我、我中有你"的共同发展格局,成为航空运输业与旅游业融合的新常态。

4. 水路运输与旅游融合

水路运输是以船舶为主要运输工具、以港口或港站为运输基地、以水域包括海洋、河流和湖泊为运输活动范围的一种运输方式。水路运输与旅游融合主要体现在乘船欣赏沿途风光、船内消费娱乐、休闲养生等方面,并呈现面宽、线长、点多的特点。需要船舶运输公司与旅游企业之间要相互协调,开发适合的旅游产品以及制定更多面向游客的"一站式"服务等。

(二)交通运输服务与旅游融合的基础

交通运输服务与旅游二者之间存在着相互依托、相互促进的关系。随着交通网络体系的逐渐完善,也促进了旅游业的快速发展,同时旅游业的快速发展不仅为交通运输的转型提供了契机,同时也对运输服务的品质提出了更高的要求,促进交通运输行业向着健康的方向、高质量发展。

1. 需要提升交通基础设施的连通

科学、立体、顺畅的交通网络是旅游业持续健康发展的基本保障和前提。目前,国内一些旅游资源丰富的地方,交通基础设施比较落后,连通性差,导致游客难以进入。因此,旅游业的发展需要更加完善、连通性强的综合交通运输体系,需要优化和完善公路、铁路、水路、民航、城市交通等交通基础设施,统筹考虑旅游发展需要,加快通往重点景区的公路通达条件及城乡之间的连通水平,提高旅游景区可进入性,推动高速公路服务区的转型升级,把服务区打造成集旅游、交通、生态、购物等服务于一体的综合性服务场所。

2. 需要广覆盖的运输服务体系

随着乡村振兴的实施，乡村游、生态游、体验游等正在如火如荼地开展，旅游正快速延伸到广大偏远的农村及边疆地区。因此，旅游业对交通运输的覆盖面需求也越来越大。交通运输与旅游的融合，需要充分发挥高铁、民航等交通方式在长距离干线运输中的优势作用，进一步扩大高铁、民航对旅游景区的覆盖范围。同时，依托"四好农村路"建设，进一步完善交通的通达能力。

3. 需要高品质的交通运输服务

交通运输服务只有做到体系完整、覆盖面广，品质有保证，才能促进旅游业的快速、健康发展，两者缺一不可。旅游业季节性强，旺季和淡季差异巨大，所以每个地区、景点要紧紧抓住黄金期，使效益最大化。旅游旺季对出游者可能会井喷式增长，会给交通运输带来巨大的压力，如何保障出游者有一个安全、舒适的出行体验是最需要解决的问题。为解决旅游旺季出游的人数过多的问题，交通运输部门要提高运输能力，在热门的旅游目的地与客源地之间增加旅游的客车车次、船运车次、列车车次、航班数量等，如每年7~8月，北京—北戴河的旅游专列。同时，根据旅游的出行需求，为旅客出行提供全方位、多层次、高品质的旅游运输产品。积极打造个性化、多样化的交通运输出行服务。

4. 需要及时、准确的信息服务

随着云计算、物联网等新技术的出现，人们对旅游产品和运输服务提出了更高的个性化需求，通过移动互联网，借助便携的终端上网设备，及时掌握交通、景区等旅游信息服务等已成为旅客和迫切需求，所以要因地制宜地拓展公路场站、高铁站、码头、机场、综合客运枢纽等枢纽场站的功能。并依托手机App、官方网站、官方微信号、在线网站等多种方式，为游客实时推送旅游信息、解答困惑疑问以及提供力所能及的服务，提升游客出行的幸福感，让游客获得更好旅游体验感和更高的满足度。

二、交通与旅游融合可持续发展的政策工具

(一) 交通与旅游融合可持续发展

交通与旅游融合可持续发展，首先是要保障旅游活动的顺利达成，同时，能够兼顾各个利益相关者，在经济、社会和环境领域实现综合收益，以实现多方共赢的局面。交通与旅游融合是个多主体参与的复杂系统，只有包括旅游者、旅行社、旅游交通运输企业、保险企业、客运司机、导游、旅游目的地居民等各方面的利益都得到满足，交通与旅游融合才能够实现可持续发展。

(二) 交通与旅游融合可持续发展的政策理念

伴随着交通运输业的高速发展，我国旅游业取得了飞速的发展。如前所述，旅游交通业要实现可持续发展的目标，必须坚持以旅游者为中心，同时，由于旅游交通业的发展，涉及方方面面的利益相关者，因此旅游交通可持续发展，必须兼顾各个方面的利益和关切。对于旅游交通业发展过程中出现的影响可持续发展的各种问题，公共部门有责任加以应对。为此，公共管理者必须正确树立引领旅游交通可持续发展的政策理念。

1. 安全性

在旅游交通可持续发展的各项价值理念中，安全是其中的本质。没有安全的保障，旅游交通就无法得以持续，旅游业的发展也就面临无源之水的境地。在游客看来，平安旅游是最起码的价值追求。尽管安全对于旅游活动来说，意味着很多内容，如宾馆的消防安全、酒店的食品安全、旅游目的地的治安状况、游客在游玩过程中的人身安全等。但是，据统计，在实际旅游活动中，旅游交通中存在最大的安全隐患。因此，如何保障出行安全是旅游者对于旅游交通最重要也是最

2. 效率性

对于旅游者来说，由于最重要的目标是"游览"，而不是其中的"旅行"（即交通），因此，旅游者希望更多的时间是在旅游目的地度过，而不是浪费在从居住地到旅游目的地的往返路途上。在旅游目的地停留期间，旅游者希

望更多的时间是在旅游景区观赏、在旅游商店购物等,而不是大量时间耗费在从一个地点赶往另外一个地点的路途上;以上所说的就是旅游交通的效率。也就是说,相比较在旅游吸引物和休息上耗费的时间,旅游交通所消耗的时间越少越好。对于效率的追求,有时是和安全相冲突的。旅游大巴超速行驶的目的就是提高效率、节约时间,但是这样做通常会带来更大的安全隐患,是旅游交通事故的重要诱因。

3. 公平性

公平是公共管理活动最基本的价值理念。具体到旅游交通上,由于旅游交通的属性及市场化改革趋势,安全和效率作为政策理念往往受到更大的重视。事实上,旅游交通可持续发展,公平也是一个非常重要的价值追求。以下列举三种情形。

第一,交通运输管理部门,对于从事旅游运输的企业应该一视同仁,而不应该根据所有制结构等予以差别对待。

第二,旅游运输给沿线的地区和旅游目的地会产生不同的影响,旅游交通会对不同的地区和群体产生不同的外部性。对于有些地区和群体来说,旅游交通带来的主要是旅客流和利益;对于有些地区和群体来说,他们却遭受了旅游交通所产生的噪声和污染。

第三,城市道路、地铁、旅游景区等在交通路线的设计上,应该考虑盲人及残疾人等弱势群体的交通需求,使得他们也有平等的旅游交通权利。

4. 经济性

在大众旅游时代,旅游已经成为人们日常生活方式的一部分。然而,对于绝大多数中产阶级以及生活并不富裕的人们来说,旅游活动过程中的成本控制是不得不做出的选择。总体来看,在我国公众的旅游过程中,旅游交通支出在整个旅游开支中所占的比例过高,通常为40%左右,甚至达到50%以上。然而,旅游者特别是散客,在旅游交通中追求经济性,可能也会埋下安全的隐患。例如,他们到一座城市,为了省钱,可能不选择花费更高的出租车,而选择黑车或者拼车。当然,对于旅游运输企业来说,为了控制成本,增加利润,可能会选择拼团的做法,但是这也会增加安全的风险。

5. 舒适性

随着人民生活水平的提高，尤其是在大众旅游时代，今天，越来越多的"90后"和"00后"加入旅游者大军中，他们对旅游交通的追求越来越高。除了安全和效率这些共同的追求以外，他们越来越看重旅游交通过程中的舒适性。在以往，旅游交通主要就是把游客从居住地运送到旅游目的地，从一个景区运送到另外一个景区，旅游者对于旅游交通并没有提出太高的品质要求。然而，现今人民群众对于旅游交通舒适性的追求越来越强。旅游交通工具的现代化程度、旅游道路的畅通和平整、飞机或列车上乘务员的服务态度、交通工具公共空间的文明程度等，都是旅游者对于旅游交通舒适性的具体要求。

（三）实现交通与旅游融合可持续发展的政策工具

在交通与旅游融合可持续发展过程中，应该坚持安全性、效率性、公平性、经济性、舒适性及环保性六个方面的价值理念，统筹考虑旅游者、旅游交通运输企业、旅游目的地居民及生态环境等各个方面的利益诉求，以公共利益为准则，做出符合整体利益和长远利益的公共决策，引领交通与旅游行业在经济、社会及环境领域的可持续发展，主要的政策工具包括以下几点。

1. 法律强制性政策工具

由于交通安全是交通与旅游融合可持续发展最基本也是最重要的原则，因此首先需要强化各项法规性政策工具，确保旅游活动过程中的交通安全。据交通管理部门从历次道路交通事故的事后分析中来看，引起旅游交通事故的原因虽然是多种多样的，但绝大多数与驾驶员直接相关，如超速行驶、酒后驾驶、逆向行驶、疲劳驾驶、违法变更车道、违法倒车、违法超车、违法会车、违法停车、违法抢行、违反交通信号、无证驾驶、不按规定使用灯光、制动不当、油门控制不当等。当然，有些道路交通事故也与道路交通其他参与者的行为、道路的质量状况及雨雪天气等自然因素相关。结合以上原因，强制性的政策工具包括：公安交通管理部门、交通运输部门、旅游部门、公路部门、安监部门要加强合作，共同保障道路交通安全。交通部门要对客运公司的挂靠经营进行全面清理和整顿，严格规范旅游客运市场，严格审验旅游交通客运资质，依法取缔各种"黑客运"，通过事前监管防范旅游交通安全事故的发生；交管部门要加强对旅游车辆的路控、路查，严查旅游客运过程中各种违法违规驾驶行为，严厉查处公路客车、旅游客车不按规定安装安全带，客运司机超速驾驶、疲劳驾驶等问题；旅游主管部门要切实对旅行社包车方面加强管理；公路部门要根据相关政策积极争取资金和项目，完善安全设施，强化公路隐患排查等。通过旅游客运企业、旅行社、交通部门、公安交通管理部门、旅游部门、安监部门等共同努力，全力保障旅游者、导游人员及旅游客运司机的交通安全，做到"十二项确保"，从而建立无缝隙的旅游客运交通安全防护网：确保没有进行安全检测或者安全检测不合格的客运车辆不会被使用；确保不具备从事旅游交通运输驾驶资格人员不会从事旅游运输；确保没有购买保险的旅游客运车辆不会被使用；确保没有为旅游者购买足额保险的旅行社不允许发团；确保手续不完备和不具有资质的车辆不会被使用；确保没有设置导游座位及配备旅客安全带的旅游车辆不会被使用；确保没有配置应急物资储备的车辆不会被使用；确保易燃易爆等危险品不会被带上车辆；确保有较大安全隐患的道路及景区不通行、不到达；确保单日行程超过一定公里数的旅游客车配备双驾驶员；确保旅游道路交通事故发生以后第一时间报告；确保旅游道路交通事故发生以后可第一时间得到有效救援。

安全是人在旅游交通中最重要的需求，随着旅游规模和旅游交通各项基础设施建设的大规模扩展，生态环保已经成为旅游交通可持续发展非常重要的指标。实现生态环保的旅游交通，强制性政策工具是非常重要的政策选项。旅游交通的基础设施建设，都是存在于一定自然社会环境之中。因此，无论是道路的建设，还是桥梁、隧道等建设，都必须将环境影响评价分析作为规划环节的必经程序。没有通过环境影响评价的交通基础设施工程不建或者缓建。索道等旅游景区内部的旅游通道规划和建设，必须尽可能降低对自然景观的破坏性影响。

2. 经济诱导性政策工具

在市场经济条件下，旅游交通可持续发展中的安全、效率、公平、经济、舒适、环保等政策理念，都可以通过采取经济诱导性的政策工具予以促进。

由于经济诱导性的政策工具，是通过市场信号来影响旅游交通参与者的行为，因此，这更加符合自由选择的理念。事实上，经济诱导性的政策工具倘若设置科学，它能够实现旅游交通多项政策理念之间的协调。

从宏观层面上，可以通过使用PPP等政策工具，鼓励社会资本投入旅游交通基础设施的建设中。旅游交通基础设施跟不上，旅游业的大发展就面临着严重的梗阻。当前，很多地域提出发展全域旅游，一方面需要统筹规划交通基础设施建设；另一方面就需要财政资金的投入，从而保障区域旅游交通的便捷性和舒适性。而对于全国来说也是如此，只有各地交通基础设施建好了，中西部旅游资源得到了适度的开发，那么不仅仅可以疏解东部旅游景区严重拥堵的局面，而且能够促进中西部相对落后地区旅游产业扶贫的进展。

在各个旅游城市或者旅游景区，地方政府可以通过财政、税收或者其他经济工具，鼓励旅游交通工具朝着更加低碳环保的方向发展。根据客源流量，旅游城市应该加大旅游公共交通、公共服务的投入力度。为了减轻旅游交通运输企业的负担，政府可以通过税收减免或者其他途径，鼓励旅游运输企业添置现代化的旅游交通工具，提高旅游交通工具的信息化水平。散客数量多、旅游景区密集的城市，旅游主管部门应该联合其他部门，通过直接供给、合同外包或者特许经营等途径，发展旅游公共交通。自行车道路建设比较好的旅游城市，应该大力鼓励公共自行车或者共享单车的发展，节约旅游者在各个旅游要素衔接中的时间成本。

3. 信息合作型政策工具

在促进交通与旅游融合可持续发展的目标上，除了强制性政策工具及经济诱导性政策工具以外，政府还可以借助于信息合作型政策工具，通过信息、教育、宣传、提醒、说服、示范等各种柔性方法，使得旅游交通参与者做出符合公共利益的行为。信息合作型政策工具的使用，主要是解决向谁提供的问题及通过什么方式提供的问题。

为了实现旅游交通的安全目标，信息合作型政策工具就可以得到广泛的使用。旅游交通运输企业可以运用 GPS 和现代信息网络技术，实时监督旅游客车司机的车速，并且及时提醒超速的客车司机。交通管理部门可以和旅游主管部门进行信息共享，将旅游运输企业和司机的交通违法行为及时反馈给旅游主管部门，旅游主管部门可以利用这些信息约束旅行社今后和旅游运输企业的合作关系。交通管理部门及旅游运输企业应当做好旅游客车司机的培训工作，增强他们在交通行驶中的安全意识。导游人员及旅游客车司机应该做好团队旅游者的交通安全教育和提醒工作，让每一位旅游者养成系好安全带等良好安全习惯。气象部门监测到的恶劣天气信息，应当及时传递给道路管理部门及旅游交通管理部门，做好暴雨、暴雪、冰雹、浓雾、泥石流等风险等级高环境下的交通安全保障工作。急转弯、陡坡或者其他易发生交通事故的区域，应该做好醒目的危险标识。每一次发生旅游交通安全事故以后，交警、交通运输、旅游部门以及应急管理部门，应该及时认真总结经验教训，并且将深刻的事故教训转变为学习的机会，提升旅行社、旅游运输企业、客车司机、导游及旅游者的旅游交通事故防范意识和能力。

为了实现旅游交通的环保目标，减轻旅游交通给生态环境造成的沉重压力，应当通过各种途径传播低碳交通、绿色出行的理念。通过报纸、广播、电视、互联网等途径，宣传公众出游，应该减少私家车的使用频率，杜绝向车窗外抛撒饮料瓶等杂物的行为。在机场、高铁站、火车站、汽车站等场所，通过墙体广告或者其他途径，呼吁旅游者选择地铁、公交车、公共自行车等更加环保的旅游交通工具。旅游交通工具应该张贴碳排放强度的标签，环保无污染的旅游交通工具应该张贴生态环保标签，鼓励旅游者选择乘坐低碳环保的交通工具。随着越来越多的公众将低碳环保出游作为一种旅游时尚，越来越多的游客计算自身的旅行生活所产生的碳足迹，旅游交通可持续发展的目标也会越来越近。

三、交通与旅游融合发展理念

近些年，如何提升我国公路交通的路网结构、服务水平、管理能力等相关议题被广泛研究和探讨，以期建立与公路交通硬件发展水平相适应的交通文化，从而不断提升公路交通的综合实力，交通不仅有传统的运输功能更有现代旅游休闲价值。同时，游客对旅行体验的要求日益提高，希望能"慢"下来甚至停下来欣赏路边美景、感受沿途的人文风情。这就要求将公路作为主景点来打造，以满足新时期交通的旅游功能即新吸引物功能，满足人们旅游观光休闲的需要，实现由旅游公路向公路旅游的转换。旅游公路设计要遵循"安全至上、灵活设计、功能完善、因地制宜、生态优先"的原则。

因此，公路建设在规划设计、投融资及建设运营中，要考虑与相应旅游休闲项目高度融合，充分发掘其休闲、文化功能，建设"快""慢"两条公路体系。在"快进慢游"旅游交通网络的建设中，做好自驾车、房车营地与交通干线之间的联动，完善自行车道、步行道等依托旅游风景区建设的"慢游"设施，打造具有通达、健身、旅游服务、文化传播和购物等复合功能的主题线路。更加方便游客出行，丰富游客的旅游体验，更好地满足公路与旅游深度融合的时代需求。例如贵州赤水河谷旅游公路、海南万宁石梅湾旅游公路，都是具有代表性的快慢结合综合交通旅游廊道。

公路文化景观建设载体为公路沿线构筑物，如收费站、服务区（停车区）、隧道、观景台、导视标识标牌、桥梁、抗滑墙、互通立交、枢纽立交、路灯、安保设施等。结合公路构筑物现状，采用多种艺术表现手法，将沿线特色文化因子融入公路构筑物建设中，使沿线构筑物具备基本功能的同时具有文化艺术美，成为形象展示公路沿线特色文化的靓丽风景。

旅游公路在进行景观设计时须考虑公路沿线的民族、历史、文化、风景、自然、休闲等内在品质，通过展现，留给旅游者独特的体验，并与周围的环境一起构成景观走廊，给旅游公路注入带动沿线经济社会发展的可持续生命力。通过将旅游公路沿线的民族、文化、历史、自然、风景等特色融入旅游公路的主体结构和附属设施，让旅游公路作为载体体现地方特色，通过各种形式展现各种地方特色，让旅游公路的景观与沿线的风景和文化景观融合，体现公路沿线的地方历史脉络和人文变迁，吸引游客，从而实现文化传承和旅游发展的双重价值。

公路旅游及其产品延伸是公路运输与旅游产业深度广泛融合的具体展

现。公路旅游以公路场域为发展空间，以旅游产业的资源开发为经脉，以期为两个行业带来新的资源和更为广泛的效益。在公路交通的路域空间中，将公路交通资源进行立体化、全方位的有效利用，使公路资源在具备公路交通运输的强大功能的同时，又能成为旅游资源或旅游产业运作发展的重要支撑。因此，公路运输与旅游融合发展的重点任务体现在以下几个方面，即完善旅游交通基础设施网络体系、健全交通服务设施旅游服务功能、推进旅游交通产品创新、提升旅游运输服务质量、强化交通运输与旅游融合发展的保障措施等。

可以预见，随着交通与旅游融合理念的不断探索与实践，旅游公路、美丽公路、"五个公路""畅安舒美""示范公路""四好农村路"将更好地适应全民交通、全民旅游、个性化旅游的需求，进一步促进交通运输和旅游事业的深度融合发展。

第三节　智慧交通系统的构建与应用

一、我国智慧交通系统的构建

（一）智慧交通系统构建的总体原则

智慧交通系统战略目标的确定，必须考虑社会经济发展要求、现有旅游景区基础条件、交通运输的组织管理体制以及外部环境等因素。需要对处于不同管辖区域内的多个信息系统、现有的交通设施进行整合，以保障旅游过程的顺利畅通。系统开发涉及众多技术领域，不同学科背景的专家应参与及协调，应将交通设施的规划设计同旅游特点相结合，以达到交通需求与旅游需求的协调，并着重从规划控制、交通环境的优化、可持续发展、静态交通的设置、交通设施建设的改善等各个方面加以综合考虑，追求当前实际与未来的共生、交通设施区位与交通网络的共生，从而使整体交通设施的功能最佳化，形成一个快速、舒适、安全、便捷的智慧交通网。

（二）智慧交通系统的结构和功能

智慧交通系统的主要目的，就是保障智慧交通的安全性、舒适性、准时性和高效性。根据我国智慧交通的特点和现有的智能运输相关技术条件，我们将我国智慧交通系统的构建划分为一个中心：智慧交通指挥中心；四大系统：智慧交通信息检测系统、智慧交通通信服务系统、智慧交通信息服务系统和智慧交通安全支持系统。

1. 一个中心：智慧交通指挥中心

智慧交通指挥中心具有现代化的决策、指挥、调度能力，是各子系统的汇合点，是整个智慧交通的中心枢纽，是智慧交通指挥控制决策系统。该系统主要是通过收集到的相关信息进行分析，实时掌握智慧交通脉动，快速感知智慧交通现状，结合当地旅游景点的具体情况，向各子系统发出相应的指令，为管理者提供辅助决策的参考。

2. 四大系统

（1）智慧交通信息检测系统

系统利用基于计算机视觉和图像处理技术的交通信息检测技术，根据检测路段的位置不同可以分为市区旅游重点路段检测系统和周边地区旅游重点路段检测系统。在发生突发事件时能在第一时间做出反应。将经数据融合处理分析后的路况信息传回到智慧交通指挥中心，帮助管理人员对旅游车辆进行合理地引导。

（2）智慧交通通信服务系统

系统采用先进的通信网络信息技术、多媒体技术，把检测系统提供的流量、路况、拥塞、事故、安全等各种交通信息和旅客需要知道的各种服务信息迅速传递到指挥中心和相关部门，使指挥中心、旅客、驾驶员和旅游公司之间做到紧密合作，人、车、路之间实现充分协调。这就保证了指挥中心可以从多种途径获取多元智慧交通信息，从而为指挥中心准确地对智慧交通进行协调提供有力的信息支持保障。

（3）智慧交通信息服务系统

①地理信息子系统。智慧交通地理信息子系统是收集、存储、管理、综合分析和处理空间信息和交通信息的计算机软硬件系统，是GIS与多种交通信息分析和处理技术的集成。结合GPS技术，能够为旅游者提供实时动态

交通信息服务，改善出行方式，也能够为道路管理者提供控制信息，大大提高现有道路的通行能力和安全性。

②气象服务子系统。智慧交通指挥中心通过气象服务子系统获取各旅游景点旅游道路的实时气象信息，从而较为准确地预测智慧交通的流量和流向以及道路交通条件，提高智慧交通管理水平，让旅客第一时间掌握景区天气变化信息，享受到准确、及时、温馨的气象服务。

③智慧交通信息实时查询子系统。可以通过互联网、手机短信息、声讯查询电话、户外交通信息情报板（VMS）、车载交通信息发布系统（GPS）等多种途径及时掌握各种智慧交通实时情况（包括路况、天气、旅行时间等），保证游客可以在任何时间、任何地点获取自己所需要的全面的智慧交通信息，改善旅行者的交通出行质量。

（4）智慧交通安全支持系统

①旅游车辆子系统。旅游车辆子系统集成了现代移动通信技术、GPS技术及计算机技术等，通过交通操作中心（TOC）、移动终端及选择的移动通信网络来检测周围行驶环境的变化情况，准确地判断车与障碍物之间的距离，从而进行部分或完全的自动驾驶控制，以达到行车安全和提高旅游运输效率的目的。该系统包括车辆导行与追踪系统、车辆安全状况检测系统、车辆自动报警系统。

②智慧交通事故救援子系统。智慧交通事故救援子系统接收智慧交通事故应急报警系统发来的信号。交通指挥中心通过信息采集子系统与气象服务系统，适时采集事发地点的交通信息，包括气象状态、能见距离、风速风向等信息，统一调度救援车辆，第一时间到达现场，合理地进行交通流诱导，及时、有效地处理交通紧急事件，将大幅度缓解交通堵塞的发生，减少经济损失和人员伤亡，降低二次事故发生的概率。

二、我国智慧交通系统构建的市场条件

（一）便捷的旅游出游信息

散客旅游属于一种自助旅游，相对于传统的团队旅游方式来说，散客对智慧交通相关信息的需求更为明显。如果没有足够的信息，游客很可能会在陌生的旅游目的地不知所措。所以，对散客提供的智慧交通信息传递的可靠性、实时性和个性化将会影响到他们的整个旅游过程。

散客通常需要掌握的旅游信息包括：旅游景区景点及配套服务信息、交通线路信息、实时路况信息、安全及维修服务信息、气象信息等。这些信息可以由散客在出行前和旅游的过程中来搜集获得。

1. 线路及路况信息

散客所关心的线路和路况信息主要包括：通往旅游目的地的线路选择和道路状况信息、线路上的车流量实时信息、路标及指示牌信息、旅游线路各节点的实时停车信息等。游客获得了这些信息便可以做出符合自己的个性化行程、避开旅游高峰、灵活地变换旅游线路、轻松地完成自助的旅游行程。

2. 安全及维修服务信息

安全信息包括道路安全提示、自驾游车辆修理点和加油站信息、意外伤害和交通事故报警求救方式及设施信息等。方便、周到的安全维护信息可以减少散客尤其是自驾游游客遭遇危险的可能，一旦不幸的事情发生，也可以使游客及时得到救护或车辆维修，减少意外伤害所造成的损失，同时也可以尽快疏导因事故造成的交通堵塞。

3. 气象信息

天气信息对于散客也十分重要，普通散客可以根据天气状况来调整自己的行程计划，可以提前做好适应旅游目的地气候的必要准备。而对于自驾游游客来讲，除了普通的天气信息以外，灾害性天气信息对他们来说也是非常关键的，提前了解旅游目的地的天气情况不仅可以保证其自驾行驶的安全、减少交通事故的发生，还可以为游客制定旅游计划提供参考。

4. 旅游目的地游览信息、配套服务设施和企业信息

无论是在旅游景区景点游览，还是在餐馆、酒店或购物中心享受吃饭、住宿和购物的乐趣，游客旅游的最终目的还是要获得完美舒适的旅游体验。及时有效的旅游目的地游览信息以及住宿、餐饮和购物等方面的信息，可以让游客提早做好旅行计划和准备，避免和减少旅游景区的"爆棚"现象的出

现，也可以合理地分配旅游相关服务行业的资源，增加景区周边餐饮、住宿的利用率，这样既能使游客得到更好的体验，还能减轻旅游服务的压力。

旅游目的地游览信息以及住宿、餐饮和购物信息也是处于不断变化的状态，只有游客及时地了解这些信息，才能以最合适的性价比制定属于自己的旅游线路，减少在寻找住宿、餐饮、停车场上所花费的时间以及在选择景区的路上盲目行驶所浪费的时间，同时，也可以避免因为不了解商家对比情况而被宰的情况发生。

（二）可靠的智慧交通安全保障

旅游车辆是智慧交通活动的载体，在自驾游兴起的时代，智慧交通安全也是保证游客旅游活动顺利进行的重要部分。在传统的智慧交通体系中，由于缺乏相关信息的指导，游客的保险意识和安全意识十分薄弱。同时，我国的应急救援手段也相对不足，一方面不能及时地通过各种方式预测和阻止交通事故的发生；另一方面在处理问题的反应速度上也相对较慢，难以满足由于自驾车旅游的迅速增长而提出的要求。对于普通散客来讲，我国缺乏合理、便捷并且有保证的租车体系来减少诸如道路抢劫、购物诈骗等意外事件的发生。对于自驾游游客来讲，我国也缺乏对驾驶车辆和驾驶人员的实时监控，从而无法在必要的时候给予适当的提示和及时的救援。

（三）保证旅游黄金期的智慧交通顺畅

人们做出旅游决策的最基本的前提便是金钱和时间。以往的散客旅游调查研究显示，如今，大部分散客都属于以大学及以上学历为主的收入相对较高的群体，所以金钱已经不再是旅游决策最主要的考虑前提，而时间才是制约着大部分游客不能实现旅游意愿的关键所在。闲暇时间越多，人们出游的可能性就越大。而就时间来讲，人们每日工作之余的闲暇并不足以进行旅游活动，能够满足旅游条件的只有周末、法定节假日和带薪假期。闲暇时间在很大程度上决定着游客的出游。在我国，由于假期的原因，游客可用来旅游的闲暇时间相对集中，再加之景区的淡旺季差异，就会导致旅游黄金期交通堵塞情况的出现。

对于散客来讲，急需及时、充分的智慧交通信息来调整自己的行进路线，拥堵的交通不仅会浪费游客的时间，同时还会使游客的旅游体验效果大打折扣，而且拥堵的交通往往会导致更多的交通乱象出现。正如管理学理论中的"马太效应"，一处差则会导致处处差，最终会让游客原本完美的计划付诸东流。同理，如果游客在出发之前或者拥堵发生之前就获得了相关的交通信息，便会做出别的选择，从而避免或者减少交通的拥堵，客流被分往不同的方向，各地的旅游发展也会实现一定的均衡，这样既减少由于交通或景区过载造成的环境损害，还合理地整合了旅游产业的资源，从而实现旅游业的可持续发展。

面对散客时代的到来，智慧交通体系急需进行相应的建设与优化以适应这个时代的新需求，这是智慧交通体系的一次新的机遇也是一项新的挑战。

三、智能交通系统的建设应用

进一步推进智慧绿色交通建设，着力于提升交通运输发展质态。一是加强交通运输的信息化水平。把实施"互联网＋综合交通"当作出发点，加强"一平台"和"四体系"建设，其中"一平台"为交通基础平台，"四体系"包括感知监测体系、标准规范体系、安全保障体系、行业应用体系，提高行业治理、公众出行、货运与物流信息化水平，提高交通行业应用大数据分析与指挥决策的能力。对于交通科技创新平台，尤其是国家级的平台，应当积极争取在省内搭建，从而增加交通科技创新领域的竞争力，从而在无人驾驶、智能交通等高科技交通产业树立旗帜。二是加快推进绿色交通发展。牢固树立绿色交通发展的理念，加快建设节能环保监管能力和统计监测体系，推进资源节约和集约循环利用，促进节能低碳技术研发，推动新能源和清洁能源应用，大力推进污染防治和环境保护工作以及资源节约型和环境友好型行业建设。推进长江生态修复、加强交通运输领域污染防治，加快建设进程。三是提升运输产业发展水平。注重加强综合运输、物流、旅游、装备制造等行业的综合发展。把握货物多式联运和旅客联运的两个关键环节，提高综合运输服务的可达性、便利性和经济性。鼓励支持运输企业做大做强，提高经营水平，积极运用互联网等新技术，创新运输组织模式和业态，满足经济社会发展新需求。聚焦创新驱动，补齐发展短板，通过优化布局、加强推广应用等途径提升新能源汽车产业发展的质态。

走低碳交通发展之路，需要高效运行的城市交通系统。ITS通过优化交通基础设施的布局，从而建立起有序的交通秩序来保障道路的安全和畅通，让城市就交通系统整体而言更加有效地运行，从而显著减少碳排放，为低碳交通建设提供了有力支撑。部分城市交通基础设施建设缓慢，无法满足巨大的交通需求，为了缓解这一矛盾，可以加快建设智能交通系统，使得城市交通系统的运行效率得到提高。当城市还处在发展阶段，需要大规模地建设交通基础设施，应对该城市交通的现状和发展趋势进行深入探讨，建议将智能交通系统的硬件设施融入交通基础设施中，同步规划建设，既可以避免分开建设周期长的问题，又可以有效地将智能化设施与交通基础设施相结合。优先考虑构建公交车、出租车等公共交通的智能运营管理系统，构建交通共用信息平台，创建停车诱导系统，引导司机实现便捷停车。

采取必要的措施来缓解交通拥堵。优化交叉口和信号控制，大力建设移动信号系统和交通摄像装置，建立健全交通管理中心，快速收集道路信息，提供实时电子交通引导。加强交通行政管理，提升队伍的专业技能和服务水平。

第四节 推动交通运输可持续发展的策略

一、加快构建现代综合交通运输体系

为推动交通运输经济的可持续发展，构建现代综合交通运输体系成为关键。体系将以"八纵八横"高速铁路主通道为主骨架，旨在打造一个高效、覆盖广泛的运输网络。高速铁路区域连接线的衔接作用不可小觑，能确保主骨架与各地区的无缝连接。同时，城际铁路的加入，尤其是那些兼顾干线功能的线路，为体系增添额外的灵活性和补充性。此外，构建高效的民用航空和水运基础设施同样至关重要。航空运输提供快速的长距离运输方式；而水运则在大宗货物运输中，则可发挥其不可替代的作用。

多式联运体系的建设是实现可持续发展的核心要素之一。多式联运不仅能提高运输效率，也能降低运输成本。公铁联运等多式联运枢纽的建设是实现这一目标的关键，枢纽允许不同运输方式之间的顺畅转换，使得货物运输更为高效和灵活。通过优化运输方式的组合，可以大幅度减少运输时间和成本，同时也减少环境污染。

二、深化供给侧结构性改革

（一）优化交通运输结构

深化供给侧结构性改革的关键之一是优化交通运输结构，以提高综合运输能力。这一过程涉及根据市场需求和客户需求，合理配置各类运输资源，以形成一个高效、安全、环保的综合运输体系。为实现这一目标，须整合不同运输方式的优势，确保各类运输资源能够协同工作，以提高整体运输效率。

（二）交通运输技术创新

交通运输技术的创新，是供给侧结构性改革的重要组成部分，特别是在信息技术、大数据、云计算、人工智能等领域的应用，这些新技术手段能显著提升交通运输的智能化、数字化、网络化水平。通过整合这些技术，可以实现交通运输系统的智慧管理和服务。例如，利用大数据分析，可以优化路线规划和货物调度，减少运输过程中的空载和返程，从而提升运输效率和降低成本。云计算技术的应用，使得海量数据的处理和存储变得更加高效，为交通管理和决策提供强大的数据支持。人工智能在自动驾驶、智能交通系统、智能物流等方面的应用，不仅能提高运输效率，还能增强交通安全。而自动驾驶技术的发展，有望在未来大幅降低交通事故发生率，提高运输系统的整体效率。同时，通过智能交通系统的建设，如智能信号灯和交通流量监控，可以有效缓解城市交通拥堵，提高道路利用率[1]。

（三）改善交通运输管理

改善交通运输管理是实现行业可持续发展的重要一环，需要通过完善法律法规和标准规范，加强对交通运输市场的监管和指导来实现。

要制定和完善交通运输相关的法律法规。这不仅包括安全规范、运输标准和环境保护条款，还涵盖新兴领域如自动驾驶、智能交通系统的法规。例如，对自动驾驶汽车的运行标准进行严格规定，可以确保技术创新与公共安全的平衡。建立和完善运输标准规范，如货物运输的分类标准、运输车辆的排放标准等，对提升整个行业的运行效率和环保水平具有重要作用。

加强交通运输市场的监管和指导。这包括加强对运输市场的价格、服务质量和安全性的监管，以及对市场乱象的整治。例如，实施更严格的运输车辆检查和驾驶员培训，可以有效减少交通事故和提高运输安全；通过引入更多的信息化管理工具，如电子运输记录和在线监控系统，能够实时监控运输过程，提高运输效率，降低违规行为。

三、加强科技创新和管理创新

（一）加大科技创新投入

在加强科技创新和管理创新的过程中，加大科技创新投入显得尤为关键。重点应放在强化关键核心技术的攻关上，以提升自主创新能力。包括在数字化、网络化、智能化、绿色化等领域的技术开发和应用，旨在构建一个高效、智能的交通生态系统。例如，数字化技术的应用可以优化交通管理系统，通过实时数据分析实现更高效的交通流量控制和事故预防。网络化技术则促进信息的即时传递和处理，使得从运输计划到客户服务的每个环节都更加高效。智能化技术，如自动驾驶和智能交通系统的发展，不仅能提高交通安全和效率，也为未来的交通发展提供新的可能性。此外，绿色化技术的应用，比如电动交通工具和清洁能源的使用，对于降低交通运输行业的碳足迹至关重要。全面的技术革新需要大量的研发投入和政策支持，应加大对创新研究的资金投入，支持企业和研究机构在上述领域的探索和应用。此外，政策制定者应鼓励技术创新，通过税收优惠、资金补助等措施激励企业进行科技研发。

（二）加强管理创新

加强管理创新对于提升交通运输经济的效率和竞争力至关重要。一个关键步骤是改革交通运输管理体制，推进简政放权，实现放管结合和优化服务。意味着将更多的管理职能和决策权下放到更接近市场和客户的层级，从而提高响应速度和服务质量。例如，地方政府和相关机构可以根据自身的具体情况和需求，制定更符合实际的交通运输政策和规划，从而大大提高政策的针对性和有效性。此外，建立以信用为基础的监管机制也是提升营商环境的重要一环。通过建立信用记录系统，可以有效监控和评估企业和个人的行为表现。企业和个人的信用记录将成为监管部门进行监督和管理的重要依据，有助于提升市场的透明度和公平性。

（三）加强人才培养和引进

加强人才培养和引进。首先，重视教育和培训，以打造高素质的交通运输人才队伍，包括在高等教育机构设置专业的交通运输相关课程，加强与行业实践的结合，提供实际操作和技术培训。例如，开设更多关于智能交通系统、物流管理、绿色运输等方面的专业课程，可以帮助学员掌握最前沿的知识和技能；通过持续的职业培训和技能提升课程，可以确保现有员工与行业发展保持同步，提高其对新技术和新管理方法的适应能力。同时，积极吸引海外留学人员和外国专家加入国内交通运输行业，不仅可以引入国际先进的知识和经验，也有助于开扩国内人才的国际视野。例如，设立特别的人才引进计划，提供有吸引力的工作条件和发展平台，可以吸引国际顶尖的专家学者。此外，鼓励国际交流，与国外大学和研究机构建立合作关系，可以为国内人才提供更多的学习和交流机会。

综上所述，在推动新时期交通运输经济可持续发展的对策建议中，涉及的关键领域包括构建现代综合交通运输体系、深化供给侧结构性改革、创新交通运输技术、改善交通运输管理，以及加强科技创新和管理创新。这些策略的实施将促进交通运输行业的高效运作、环境可持续性及技术创新，为实现高质量发展和国际竞争力的提升奠定坚实基础。

参考文献

[1] 宋明磊, 王威, 陈曦. 交通运输经济与物流业发展 [M]. 延吉: 延边大学出版社, 2024.06.

[2] 高炳军. 公路交通运输与经济发展协调性研究 [M]. 延吉: 延边大学出版社, 2024.06.

[3] 高洁, 孙艳英, 陈玉艳. 城市轨道交通运营安全 [M]. 北京: 机械工业出版社, 2024.04.

[4] 朱鲤, 张品立. 智慧绿色交通 [M]. 上海: 上海交通大学出版社, 2024.04.

[5] 王宪彬, 邓红星. 交通运输系统工程 [M]. 北京: 机械工业出版社, 2024.04.

[6] 王振军, 莫祥伦. 交通运输系统工程 [M]. 南京: 东南大学出版社, 2024.04.

[7] 景鹏, 潘公宇, 高林杰. 运输系统规划与设计 [M]. 北京: 机械工业出版社, 2024.01.

[8] 徐纪刚, 李庆华, 刘静. 交通运输经济与决策研究 [M]. 北京: 线装书局, 2024.01.

[9] 袁义华. 交通运输经济与物流管理 [M]. 长春: 吉林出版集团股份有限公司, 2024.01.

[10] 曹金涛, 高继成. 公路交通运输经济的发展探索 [M]. 哈尔滨: 哈尔滨出版社, 2023.08.

[11] 刘鲁吉. 现代综合交通运输体系的发展路径与制度保障 [M]. 北

京：中国纺织出版社，2023.08.

[12] 陈和. 现代综合交通运输体系与民航发展 [M]. 北京：中国民航出版社，2023.08.

[13] 魏金丽，张萌萌，陈秀锋. 交通系统分析及优化 [M]. 北京：北京理工大学出版社，2023.07.

[14] 钟志华. 智能低碳交通导论 [M]. 北京：中国科学技术出版社，2023.07.

[15] 赵竹. 智能交通系统及应用 [M]. 长春：吉林科学技术出版社，2023.06.

[16] 王玉玲，闫涛，张培泰. 交通运输经济与决策研究 [M]. 长春：吉林科学技术出版社，2023.06.

[17] 薛燕，孙佳鑫，曹威. 交通运输经济发展研究 [M]. 延吉：延边大学出版社，2023.05.

[18] 张国伍. 交通运输系统分析 [M]. 成都：西南交通大学出版社，2023.04.

[19] 陈波，徐东. 城市轨道交通与运输 [M]. 哈尔滨：哈尔滨出版社，2023.03.

[20] 吴明先，单东辉. 普通公路不良交通行为监测及预警预报技术 [M]. 上海：上海科学技术出版社，2023.01.

[21] 杜文. 旅客运输组织 [M]. 成都：西南交通大学出版社，2022.10.

[22] 唐娜. 交通运输与中国经济地理的重塑 [M]. 武汉：华中科技大学出版社，2022.09.

[23] 王苏林，彭元. 交通运输概论 [M]. 西安：西安电子科技大学出版社，2022.09.

[24] 朱利锋，陈正飞. 新时代交通运输领域军民融合深度发展研究 [M]. 上海：上海交通大学出版社，2022.08.

[25] 孟凡奎，曹生炜. 交通运输与物流供应管理 [M]. 长春：吉林人

民出版社，2022.08.

[26] 赵鲁华. 交通运输设备 [M]. 北京：北京理工大学出版社，2022.07.

[27] 刘澜，刘海旭. 交通运输系统分析第3版 [M]. 成都：西南交通大学出版社，2022.06.

[28] 王辉，刘宏刚. 交通运输与经济发展 [M]. 长春：吉林人民出版社，2022.03.

[29] 邓红星. 交通运输商务管理 [M]. 北京：机械工业出版社，2022.01.

[30] 王宇. 交通运输经济 [M]. 成都：西南交通大学出版社，2021.12.

[31] 王顺利. 交通运输专业基础实验教程 [M]. 成都：西南交通大学出版社，2021.12.

[32] 牟向伟，蒋晶晶. 交通运输物流大数据分析与应用 [M]. 武汉：华中科技大学出版社，2021.09.

[33] 王文宪. 交通运输系统优化模型与算法设计 [M]. 北京：机械工业出版社，2021.06.